KNAUR

Teun Toebes

DER 21-JÄHRIGE, DER FREIWILLIG IN EIN PFLEGEHEIM ZOG UND VON SEINEN MITBEWOHNERN MIT DEMENZ LERNTE, WAS MENSCHLICHKEIT BEDEUTET

Aus dem Niederländischen
von Bärbel Jänicke

KNAUR

Teun Toebes schrieb dieses Buch in enger Zusammenarbeit
mit dem Dokumentarfilmer und Schriftsteller Jonathan de Jong.

Die Originalausgabe erschien unter dem Titel »VerpleegThuis«
bei Uitgeverij De Arbeiderspers, Amsterdam.

Die Übersetzung dieses Buches wurde von der
niederländischen Stiftung für Literatur gefördert.

Nederlands
letterenfonds
dutch foundation
for literature

Deutsche Erstausgabe Februar 2023
Knaur Verlag

Ein Imprint der Verlagsgruppe Droemer Knaur GmbH & Co. KG, München

Lektorat: Mirjam Madlung
Covergestaltung: Verena Metz | veridesigned
Coverabbildung: Merlijn Doomernik
Illustrationen im Innenteil: Liesbeth Sterrenburg
Fotos im Bildteil: Teun Toebes
Satz: Adobe InDesign im Verlag
Druck und Bindung: GGP Media GmbH, Pößneck
ISBN 978-3-426-28620-3

2 4 5 3 1

»Das Leben hier hat keinen Sinn,
wir gehören nicht mehr dazu,
also wäre es besser, wirklich tot zu sein.«

Muriel Mulier – Mitbewohnerin

INHALT

VORWORT

Mein Name ist Teun Toebes. Ich bin der Meinung, dass den Menschen, die mit Demenz leben, zu wenig Aufmerksamkeit geschenkt wird. Das macht mich unglaublich traurig. Nicht nur, weil ich meine Mitbewohner mit Demenz sehr mag. Vor allem denke ich daran, dass so meine Zukunft aussehen wird, sollte bei mir selbst irgendwann Demenz diagnostiziert werden. Wer will schon nach einem Leben in Freiheit und Selbstbestimmung in einem System voller Geringschätzung und Ausgrenzung landen? Wer will schon seine letzten Jahre als jemand verbringen, der nicht mehr als Individuum, sondern als Teil einer Gruppe kranker Menschen gesehen wird, die ohnehin nichts mehr mitbekommen? Wer freut sich schon darauf, in einem Haus zu leben, in dem die Einsamkeit durch lange Flure hallt und der Lärm eines dröhnenden Fernsehers im Gemeinschaftsraum das einzige Lebenszeichen ist? Können Sie sich eine solche Zukunft für sich vorstellen? Nein? Ich auch nicht! Es muss sich etwas ändern. Deshalb habe ich dieses Buch geschrieben.

Dieses Buch ist eine aus tiefstem Herzen kommende Anklage, die sich nicht gegen die Pflege an sich richtet, sondern gegen die Art, wie unsere Gesellschaft Menschen mit Demenz betrachtet.

Ist es eine harte Anklage? Ja. Denn das Leben in einem Pflegeheim ist hart, das spüre ich tagtäglich. Es ist nicht *die* Wahrheit, es ist *meine* Wahrheit, mit der ich Sie konfrontiere. Ich hoffe vor allem, dass meine Geschichte zu Dialog und neuen Erkenntnissen führt, damit wir gemeinsam die Betreuung von Menschen mit Demenz verbessern können. Das ist nämlich dringend nötig. Wir müssen als Gesellschaft begreifen, wie wertvoll ein Leben mit Demenz noch sein kann. Nur dann hat das Pflegeheim, mein Zuhause, eine hoffnungsvolle Zukunft.

Eine bessere Zukunft, das hört sich natürlich gut an, aber wie sieht es heutzutage aus? Wird heute eine Form von Demenz diagnostiziert, beginnt für die betroffene Person eine Phase, in der sie als »Patient« mit viel medizinischer Aufmerksamkeit betrachtet und in der häufig *über* sie gesprochen wird. Sie wird so lange zu Hause leben, bis der Krankheitsverlauf dies aus medizinischer oder sozialer Sicht nicht mehr wünschenswert erscheinen lässt. Oder bis die Person, die die heimische Pflege ermöglicht – oft der Partner oder die Partnerin –, aufgibt. Dann landet der Mensch mit Demenz im Pflegeheim und damit in einer Miniaturgesellschaft, die sich am ehesten mit einem totalitären Regime vergleichen lässt. Behaupte ich das wirklich? Ja, es ist mein voller Ernst, aber wie jeder und jede, der oder die in der Pflege arbeitet, sage auch ich es mit guten Absichten. Denn die Tatsache, dass mein Leben und das meiner Mitbewohner *vollständiger* Kontrolle unterstellt ist, hat meiner Meinung nach grotesk wenig mit einer demokratischen und gleichberechtigten Gesellschaft zu tun.

Nur um das klarzustellen: Ich schreibe dieses Buch nicht, um meine Kolleginnen und Kollegen in der Pflege anzuprangern oder als einen Haufen herzloser Pflegebürokraten darzustellen, denn das sind sie ganz und gar nicht. Ich möchte erreichen, dass gerade *sie* den Raum bekommen, anders zu denken und zu handeln, den Raum, miteinander zu besprechen, wie wir Pflege leisten und vor allem, *warum* wir das so tun, wie wir es heute tun. Denn als junger Pfleger bin ich so frustriert über die gegenwärtige inhumane Pflege von Menschen mit Demenz, dass meine Motivation, diese Arbeit zu machen, wie Schnee in der Sonne hinwegschmilzt.

Trotz unseres Bemühens um eine liebevolle Betreuung scheinen wir als Pflegekräfte das Wesentliche aus den Augen verloren zu haben. Das derzeitige System untergräbt beständige menschliche Beziehungen, es neigt zur Medikalisierung; die Personen werden in ihrer Authentizität nicht ausreichend wahrgenommen. Es hat den Anschein, als wären hauptsächlich Geld, Positionen und Wissen von Interesse, sodass wir die Menschen, die uns am Herzen liegen, aus dem Blick verlieren. Ich denke, dass wir den wirklichen Bedürfnissen der Menschen mit Demenz Beachtung schenken müssen und dass sich deren Betreuung ändern muss – denn das ist möglich.

Um eine echte Veränderung bewirken und die Pflege humaner gestalten zu können, müssen wir uns selbst zunächst die grundlegende Frage stellen: Welchen Sinn hat ein Leben mit Demenz?

Mit dieser Frage im Hinterkopf bin ich vor mehr als einem Jahr in ein Pflegeheim gezogen, in dem ich das Leben mit Demenz aus unterschiedlichen Perspektiven miterleben konnte. Als Pfleger und als Student der Pflegeethik und Pflegepolitik, vor allem aber als Mensch. Meine Mitbewohner und ich haben gemeinsam besondere Erinnerungen geschaffen, und es hat sich eine mitreißende Dynamik entwickelt. Mit ihnen habe ich meinem Gefühl nach erfahren, was den Kern der menschlichen Existenz ausmacht.

Diesen Lebensraum mein Zuhause nennen zu dürfen, ist etwas ganz Besonderes. Ich fühle mich privilegiert, von diesen wunderbaren Menschen lernen und gemeinsam mit ihnen »diese große innere Welt« entdecken zu dürfen. Aber das Außergewöhnlichste ist die Möglichkeit, das alltägliche Glück von Menschen zu teilen, denen die Gesellschaft dieses Glück nicht mehr zutraut.

Dieses Buch ist daher jenen gewidmet, die wir oft vergessen: den Menschen, die mit Demenz leben.

DEMENZ IN ZAHLEN FÜR DEUTSCHLAND

- Jeder fünfte Mensch über achtzig ist an Demenz erkrankt.[1]
- Zurzeit haben ca. 1,8 Millionen Menschen Demenz.[2]
- Im Jahr 2050 werden es voraussichtlich über 2,5 Millionen sein.[3]
- Über 800 000 Menschen (die meisten mit Demenz) leben in einem Pflegeheim.[4]
- Die Wartezeit für einen Platz im Pflegeheim beträgt durchschnittlich 1,5 Jahre.[5]
- Fast 800 000 Menschen arbeiten in einem Pflegeheim.[6]
- Die Pflege in Pflegeheimen kostet jährlich über 40 Milliarden Euro.[7]

1

DAS LICHT SEHEN

MEIN HERZ GESTOHLEN

»Redest du mit Teun, geht es bestimmt um Demenz«, sagen die Leute in meinem Umfeld oft. Täglich werde ich gefragt, woher meine Leidenschaft für Menschen mit Demenz kommt. Das ist nicht verwunderlich, schließlich ist es nicht gerade ein Thema, über das man für gewöhnlich auf der Geburtstagsparty eines Zweiundzwanzigjährigen spricht. Alle gehen davon aus, Demenz müsse wohl in meiner Familie vorkommen. Das stimmt zwar, war aber sicher nicht der Hauptgrund für mich. Mein Interesse wurde während eines Pflichtpraktikums im Rahmen meines Pflegestudiums geweckt. Ich arbeitete in der geschlossenen Abteilung eines Pflegeheims, die speziell für Demenzkranke eingerichtet worden war. Ich muss ehrlich zugeben, was ich dort zu sehen bekam, hat mich ziemlich aus der Fassung gebracht. Es entsprach nicht unbedingt dem Bild, das ich im Kopf hatte, als ich mich für diesen Studiengang entschied.

Vielleicht war ich ein wenig naiv, denn auch ich bin mit amerikanischen Serien aufgewachsen, in denen attraktive Ärzte und junge Krankenschwestern die Welt retten, während sie hauptsächlich damit beschäftigt sind, miteinander zu flirten. Dass diese Vorstellung gesundheitlicher Fürsorge nicht ganz zutraf, war mir schon klar, aber die Realität fand ich so enttäuschend, dass ich das Studium eigentlich direkt abbrechen wollte. Ich fühlte mich bedrückt beim Anblick all der Menschen, die den ganzen Tag an langen Tischen vor sich hin dämmerten und benommen ins Leere starrten. Sah so meine Zukunft aus?, fragte ich mich. Wie um Himmels willen konnte ich in dieser tristen Welt hinter verschlossenen Türen etwas Sinnvolles tun?

So lieb meine Mutter meistens ist, so leidenschaftlich und energisch kann sie reagieren. Als sie mitbekam, dass ich über die Wahl meines Studienfachs klagte, machte sie mir unmissverständlich klar, dass ein sofortiges Aufgeben keine Option war. »Gute Pflege kann nur von lieben Menschen geleistet werden, und wenn ich *eines* ganz sicher weiß, mein Junge, dann, dass du ein solcher Mensch bist.« Obwohl mir klar war, dass meine Mutter, die übrigens auch in der Pflege tätig ist, ziemlich voreingenommen war, nahm ich das Kompliment doch gern an und betrat eine Woche später mit einer gesunden Portion Widerborstigkeit die Abteilung.

Ich schaute mich um, hielt ein Schwätzchen, trank hier und da eine Tasse Tee, und plötzlich begriff ich, was ich als pubertierender Teenager nicht hatte wahrhaben wollen: Meine Mutter hatte recht! Ich fand den Kontakt zu den dort lebenden Menschen gleich sehr angenehm, vor allem mit John Francken, einem ehemaligen Bauleiter. Er brachte mich dazu, nicht nur die Pflege, sondern auch die Menschen mit Demenz zu mögen, und nicht zuletzt ihn. Er machte mir siebzehnjährigem Jungen bewusst, dass wir als Gesellschaft »die Pflegeheimbewohner« noch überhaupt nicht gut kennen, weil wir nicht begreifen wollen, dass »sie« in dieser besonderen Innenwelt, in der sie leben, genau die gleichen Bedürfnisse haben wie »wir« in der Außenwelt.

»Hör ma' zu, Teun«, sagte John mit seinem Amsterdamer Akzent. »Mein ganzes Leben lang hat sich jeder mir gegenüber normal verhalten, bis sie mir beim Arzt sagten:

›Du hast Parkinson-Demenz.‹ Von da an ging's bergab, nicht so sehr mit mir selbst, sondern besonders damit, wie alle mit mir umgegangen sind und mit mir geredet haben. Der Kontakt zu meinen alten Arbeitskollegen hat sich verändert, die Leute in der Nachbarschaft haben mich anders angesehen, weil sie mich bemitleidet haben. Und ich wurde ständig gefragt, ob es mir noch gut ging. Kurz gesagt: Mein Leben als normale Person war vorbei … Und ich kann es ihnen nicht verdenken, mein Junge, denn niemand da draußen weiß etwas über diese verfluchte Krankheit. Was ich aber ganz schlimm finde, Teun«, fuhr er fort, »ist, wie ich *hier* behandelt werde, wo es doch lauter Menschen gibt, die an etwas leiden und das verdammt gut wissen. Hier sollten sie doch kapieren, dass wir nicht verrückt sind, dass wir nicht alle gleich sind oder uns im selben Stadium der Krankheit befinden. Sollten wir denn nicht gerade hier normal sein dürfen? Aber sie behandeln mich, als wäre ich verrückt, als wüsste ich nicht mehr, was ich tue, als wäre ich zu nichts mehr zu gebrauchen. Sie vergessen, dass es sich bei dem Mann, den sie vor sich sehen, um John Francken handelt, und dass dieser Mann ein schönes Leben gehabt hat und jeden Tag kleine menschliche Freuden genießen konnte, ein Gespräch, einen Witz oder einfach nur Menschen, die fröhlich an der Baustelle vorbeigingen. Sie vergessen, dass diese Dinge denselben Mann immer noch glücklich machen, auch wenn ich manchmal verwirrt bin und Dinge vergesse. Es mag sein, dass ich Dinge vergesse, aber seit ich hier lebe, haben sie *mich* vergessen, Junge, so sieht's aus …«

Schluck. Einen Moment lang sahen wir uns schweigend und mit Tränen in den Augen an. Plötzlich saß mir kein harter Kerl gegenüber, sondern ein Mensch mit dem liebsten und zugleich traurigsten Blick, den ich je gesehen hatte. Ich räusperte mich und sagte vorsichtig: »Ich werde mich nicht so verhalten, John. Ich vergesse dich nicht, versprochen.«

Wegen meines Versprechens hatte ich das Gefühl, John etwas beweisen zu müssen: nämlich, dass wir als Gesellschaft ihm und den Tausenden anderen Johns, die mit Demenz leben, sehr wohl zuhören können. So wurde John nicht nur zu meinem Kumpel, sondern auch zur Inspirationsquelle für meine Mission, die Lebensqualität von Menschen mit Demenz zu verbessern. Und diese Mission begann sofort.

In meiner Freizeit ging ich mit John vergnügt Eis essen. Wir lachten gemeinsam über die manchmal etwas sexistischen »Männerwitze vom Bau«, und wir rasten mit meinem Oldtimer durch das Dorf, zumindest so weit das mit meiner alten rostigen Karre überhaupt möglich war. Zu allem Überfluss war ich, der leicht eitle angehende Pfleger, der Einzige im Team, der Johns Schnurrbart stutzen durfte. Auf den ersten Blick mag das nicht als besondere Ehre erscheinen, aber wer John gekannt hat, weiß es besser. John hat mir nicht nur beigebracht, Menschen mit Demenz wahrzunehmen und ihnen zuzuhören, sondern mir auch etwas vor Augen geführt, was ich bei meinem ersten Besuch noch nicht hatte entdecken können: den Menschen hinter der Krankheit.

Der zweite Beweggrund, warum ich Menschen mit Demenz so gern helfen will, ergab sich Jahre später. Bei Greet, der jüngsten Schwester meiner Großmutter, wurde Alzheimer, die häufigste Form von Demenz, diagnostiziert. Ich erinnerte mich an Greet von den Geburtstagsfeiern meiner

Großmutter, auf denen sie für gewöhnlich ziemlich viel herumnörgelte und sich über alles, jede und jeden beschwerte. Ich weiß auch noch, wie gut gekleidet sie immer war und dass sie eine Perlenkette trug. Der Begriff »alleinstehend« charakterisierte Greets Leben recht gut: Ihr Mann starb früh, und so blieb sie ungewollt kinderlos. Um trotzdem für etwas sorgen zu können, hatte sich Greet zwei Hunde angeschafft, kleine Schoßhündchen oder »Schrotthündchen«, wie sie selbst sie nannte, die sie jedes Jahr mit einer roten Schleife fotografieren ließ, um das Bild dann in einem prächtigen Rahmen an ihre Wand zu hängen.

Zu ihrer Verwandtschaft hatte Greet kaum Kontakt, aber mit zunehmendem Alter entwickelte sie eine immer engere Beziehung zu ihrer Cousine, meiner Tante. Als bei Greet nach einer langen Phase der Scham und des Vertuschens der Symptome Alzheimer diagnostiziert wurde, übernahm meine Tante ihre gesetzliche Vertretung und bekam die Vollmacht über Greets Angelegenheiten. Eine Formalität, an die ich damals nicht einmal einen Gedanken verschwendet habe, die aber genau definiert, wie das eigene Leben von nun an aussehen wird: ein Leben ohne formale Stimme, ohne eigenen Willen und ohne Selbstbestimmung. Ein Leben, in dem man gesetzlich kein Gehör mehr findet, weil man einfach kein Recht mehr hat, für sich selbst zu sprechen, egal was man sagt. Ein Federstrich, der vielleicht unbeabsichtigt die Grundlage dafür bildet, wie wir als Gesellschaft Menschen mit Demenz betrachten.

Vom Zeitpunkt ihrer Diagnose an isolierte sich Greet noch stärker. Die Fensterläden blieben geschlossen, und die Mahlzeiten, die ihr die Familie vorbeibrachte, verfütterte sie direkt an die Hunde weiter, denn für die musste schließlich gut gesorgt werden. Was sie unter anderem manchmal vergaß, war, dass sie neben Demenz auch an Diabetes litt, eine gefährliche Kombination. Das zeigte sich, als die Polizei zweimal ihre Tür aufbrechen musste, weil Greet bewusstlos auf dem Boden lag. Es wurde offenkundig, dass sie allein zu Hause nicht mehr sicher war – in dem Haus, in dem sie ihr ganzes Leben verbracht hatte. Eine Feststellung, die wie eine Bombe einschlug, denn ein Leben in eigener Regie war für sie doch das Allerwichtigste – kein Wunder, wenn man bedenkt, dass sie den größten Teil ihres Lebens alles selbst hatte regeln und entscheiden müssen. Aber nach einem guten Gespräch mit meiner Tante sah Greet selbst ein, dass ihre Sicherheit zunehmend in Gefahr geriet. Ein Risiko, das sie im Nachhinein wahrscheinlich lieber in Kauf genommen hätte, als sich auf das einzulassen, was ihr bevorstand.

Es bedurfte nur noch einer richterlichen Verfügung, um den Umzug in ein Pflegeheim einzuleiten, was bald geschah. Vielleicht lag es daran, dass es nun ein Familienmitglied betraf, oder auch daran, dass ich zum ersten Mal sah, wie der Weg ins Pflegeheim verlief: Die Tatsache, dass eine Frau nach achtundfünfzig Jahren ihr Zuhause verlassen musste, ließ mich nicht mehr los. Wie fühlte sich das an, vor allem wenn man sich nicht jeden Tag darüber im Klaren war, warum man denn eigentlich fortsollte? Es ist kein Wunder, dass die meisten Menschen, die in einem Pflegeheim ankommen, Todesängste ausstehen. Das berührt mich bis zum heutigen Tag jedes Mal wieder tief. Ließe sich das nicht auch anders arrangieren? Ein Pflegeheim unterscheidet sich allein schon in seiner Bauweise und Ausstattung so sehr von einem Wohnhaus, dass sich die Menschen darin fast nie heimisch fühlen. Ich will damit nicht sagen, dass es keine Pflegeheime mehr geben sollte, denn weiterhin zu Hause zu wohnen war für Greet keine Option. Aber auch ein Leben in Angst ist aus meiner Sicht keine Option.

Der Zufall wollte es, dass ich in dem Pflegeheim arbeitete, in das Greet gehen sollte. Hand in Hand betraten wir den Gemeinschaftsraum, wo sie sich auf den Stuhl direkt am Fenster setzte. Sie wählte ihn offensichtlich nicht zufällig aus. »Also, das ist mein Platz, mein Junge. Da habe ich doch noch etwas selbst entscheiden können«, sagte sie sarkastisch, während ihr Blick über den eingezäunten Garten schweifte.

Schon sehr bald wurde ich zum Ansprechpartner meiner Tante in allem, was die Pflege betraf. Ich hatte eine eigentümliche Doppelrolle: Im einen Moment war ich ihr Pfleger, und im nächsten kümmerte ich mich aus Liebe um meine Großtante. Das Schöne daran war, dass sie sich auch um mich kümmerte. Sie merkte genau, wenn ich viel zu tun hatte oder Probleme mir zu schaffen machten, und gab mir passende Ratschläge. Es war faszinierend, wie perfekt sie sich in mich einfühlte, und das bestätigte meine Vermutung aufs Neue, dass es nicht nur gut möglich ist, mit einer dementen Person in Kontakt zu treten, sondern dass man auch eine dauerhafte und auf Gegenseitigkeit beruhende Beziehung aufbauen kann – wenn auch anders als früher.

Diese Erkenntnis musste ich erst einmal verinnerlichen, denn sie entsprach ganz und gar nicht dem, was ich in meiner Ausbildung gelernt hatte. Dieses Bewusstsein löste erneut etwas in mir aus, wodurch ich in meinem Wunsch, die Lebensqualität von Menschen wie meiner Großtante zu verbessern, noch weiter bestärkt wurde.

Ich erlebte die beiden unterschiedlichen Rollen des Pflegers und des umsorgenden Angehörigen als schöne wechselseitige Ergänzung, auch wenn es manchmal schwierig war. Vor allem dann, wenn ich bei wichtigen Entscheidungen um Rat gefragt wurde, beispielsweise bei der Frage, wie lange wir mit der medizinischen Behandlung fortfahren sollten, wenn sich das Krankheitsbild verschlechtert. Solche Fragen sind für eine zwanzigjährige Pflegekraft ohnehin schon knifflig, erst recht jedoch, wenn es sich um ein Familienmitglied handelt. Ein pflegender Angehöriger zu sein war für mich etwas vollkommen Neues, und ich habe versucht, dieser Aufgabe so gut wie möglich gerecht zu werden – wie viele andere auch. An meine Rolle als Pflegekraft, die für die Körperpflege meiner Tante zuständig war, musste ich mich dagegen überhaupt nicht gewöhnen. Zu meiner Überraschung empfand ich es eher als etwas Besonderes, Greets Körperpflege übernehmen zu dürfen, und überhaupt nicht als heikel. Glücklicherweise dachte Greet genauso darüber. Noch bevor ich ihr einen Waschlappen reichte, ließ sie ihre Hose fallen und sagte: »Gut waschen, mein Junge.«

Innerhalb kürzester Zeit entwickelte sich eine starke Bindung zwischen uns, und sie sprach oft von »ihrem Jungen«. So stolz sie immer war, so eifersüchtig konnte sie dreinblicken, wenn ich mich auch um ihre Mitbewohner kümmerte. In den folgenden Monaten verwandelte sie sich von einer vernachlässigten und verbitterten Frau in die Dame, die ich von früher her kannte. Sie sah wieder tadellos aus und war überglücklich, wenn die Hunde, ihre »süßen Schätzchen«, zu Besuch kamen. Ihr Charakter war von der Demenz so gut wie unberührt, auch das Nörgeln hatte sie nicht verlernt. Ging es um ihre alltägliche Entscheidungsfreiheit oder passte ihr etwas nicht, konnte sie für die diensthabenden Pflegekräfte ganz schön schwierig sein.

Die meisten Menschen, die das lesen, werden daran nichts Seltsames finden, ich aber schreibe das hier mit Absicht so. Denn genau darin kommt die Realität der Pflege zum Ausdruck: Wehren sich Menschen gegen etwas, werden sie fast sofort als »schwierig« abgestempelt. Diese Realität sorgt dafür, dass viele »schwierige« Menschen sediert werden, bis sie wie Pflanzen im Gewächshaus vor sich hin dämmern. Denn jetzt mal ehrlich: Mit einem Menschen mit Demenz ein Gespräch zu führen oder ein offenes Ohr für ihn zu haben, das ist doch sinnlos, oder ...?

Diese Realität schmerzt mich entsetzlich, denn seit wann bestimmt die Diagnose einer Form von Demenz das Lebensglück eines Menschen? Bedeutet eine solche Diagnose, dass man nun gottergeben stundenlang André Rieu im Gemeinschaftsraum hören muss, obwohl man immer die Rolling Stones geliebt hat und diese Art von süßlicher Musik – bei allem Respekt, André – nicht ausstehen kann? Bedeutet eine solche Diagnose, dass man sich damit beschäftigen muss, Blumen zu binden, obwohl man das Gärtnern hasst, oder dass man dem x-ten Männer- oder Frauenchor bei seinen Schnulzengesängen zuhören muss, obwohl man in seinem Zimmer lieber laut Whitney Houston oder die Beastie Boys hören würde? Erklären Sie mir, warum eine Diagnose dergleichen rechtfertigt, und vor allem, warum sie bedeutet, dass man einem Menschen, der für sich selbst eintritt, durch medizinische oder andere Maßnahmen die Stimme nimmt. Das klingt nicht nur idiotisch, es ist idiotisch! In was für einer Welt wird man denn dafür bestraft, dass man für sich selbst eintritt? Das Schlimme daran: Es ist alltägliche Realität. Ich habe sie bei John und später bei Greet erlebt, und zu meinem großen Bedauern erlebe ich sie bis heute.

Dies ist kein Angriff auf die Pflegekräfte, sondern eine Anklage gegen ein System, das eine so große Distanz zwischen der Gesellschaft und den Menschen mit Demenz geschaffen hat. Ein System, das nicht nur Gesetze erlassen hat, nach denen Menschen mit Demenz ausgeschlossen und ignoriert werden dürfen, wenn es um wesentliche oder persönliche Angelegenheiten geht, sondern das auch für ein entsprechendes Pflegeklima gesorgt hat, in dem ein solcher Ausschluss die Regel und nicht die Ausnahme ist. Es liegt am System, dass sich nichts ändert. Wenn die Politik das Absurde zur Normalität erklärt, kann man von Menschen, die in der Pflege arbeiten, nicht erwarten, gegen diese Regeln zu verstoßen. Denn sie würden selbst schnell als »schwierig« eingestuft, und das … das will niemand.

Im Laufe der Monate verschlechterte sich Greets Gesundheitszustand zusehends. Sie war immer häufiger verwirrt und fragte sich, wo ihre Eltern waren. Ich spürte ihren Schmerz, als sie mir erzählte, dass ihre Eltern gestorben waren und sie ihrer Erinnerung nach nicht bei ihrer Beerdigung gewesen war. Neben ihrem Gehirn verschlechterte sich auch ihr körperliches Befinden. Sie klagte viel über Schmerzen. Wegen der Nebenwirkungen der Medikamente, die sie dagegen bekam, verschlief sie die meiste Zeit des Tages. Ihre Lunge machte langsam nicht mehr mit. Mit pfeifendem Atmen umklammerte sie den Vernebler.

Einige Wochen später, nachdem die stolze Frau, als die ich sie erneut kennengelernt hatte, immer häufiger abwesend war, bekam ich einen Anruf vom Pflegedienst. Greet ging es schlecht, ob ich kommen wolle, um eine Entscheidung zu treffen. Nach Rücksprache mit dem Arzt und der Pflegekraft, die für den Kontakt zu den Angehörigen zuständig war, rief ich meine Tante als ihre gesetzliche Vertreterin an und sagte ihr, dass es vielleicht besser wäre, die lebensverlängernden Maßnahmen zu beenden. Unserer Auffassung nach stand Greets Leiden nicht mehr in einem angemessenen Verhältnis zu ihren guten Momenten; der Tod würde für sie eine Erleichterung bedeuten. Dennoch war es schwer, das zu entscheiden, denn Greet konnte nicht mehr sagen, was sie wollte, sie lag in tiefem Schlaf. Aber meine Tante stand auch hinter der Entscheidung. So fuhr ich zu meiner Großmutter und teilte ihr mit, dass die letzte Person der Familie, in der sie aufgewachsen war, sterben würde. Sie konnte das alles gut verstehen, und gemeinsam fuhren wir zum Pflegeheim zurück.

Wenig später war der Moment gekommen, an dem Greet sediert wurde; ihr wurden Medikamente verabreicht, durch die sie in einen tieferen Schlaf versank und keine Schmerzen mehr verspürte. Im Prinzip kann man aus einem solchen Schlaf noch erwachen, wenn das Medikament abgesetzt wird, bevor das Herz aufhört zu schlagen.

Meine Großmutter war ziemlich erstaunt, als wir ihr das erklärten: »Warum ist es nicht einfach zu Ende, wenn man das Medikament verabreicht? Ist es denn nicht unnötig, jemanden noch tagelang sterben zu lassen?«

Ich nickte, denn ich verstand ihre Argumentation. Es sind oft sehr lange und seltsame Tage des Wartens, in denen jemand im Sterben liegt, das spürt man an allem. Die Atmosphäre im Raum hat etwas Unheilvolles und zugleich Überirdisches. Man befindet sich in einer Art surrealem Niemandsland und wird hin und wieder von den rasselnden Atemgeräuschen, die in immer längeren Abständen aufeinander folgen, auf den Boden zurückgeholt. Manchen Menschen kann diese Zeit Ruhe bringen, denn sie bietet die Möglichkeit, ausführlich Abschied zu nehmen. Ich selbst hoffte aber, dass Greet schnell auf die andere Seite gelangen würde.

Ich legte noch einmal meinen Kopf an ihren und dankte ihr dafür, dass ich sie noch einmal neu hatte kennenlernen dürfen. »Ruhe sanft«, flüsterte ich ihr ins linke Ohr, woraufhin sich auch meine Großmutter auf ihre eigene Art von ihrer Schwester verabschiedete. »Tschüss, mein Mädchen«, sagte sie zärtlich.

In meinem Beisein wurden Greet mittels einer Spritze Morphium und ein Schlafmittel mit dem passenden Namen Dormicum injiziert. Zwei Nächte später wurde ich von meiner Mutter geweckt. Es war so weit, Greets Herz hatte aufgehört zu schlagen.

In den folgenden Monaten vermisste ich sie schrecklich. Ich fragte mich täglich, ob ich im Pflegeheim zum bestmöglichen Leben für sie beigetragen hatte oder ob ich doch von den erlernten Verhaltensmustern, die meine Großtante zur »Patientin« gemacht hatten, geblendet gewesen war. Aber je mehr ich darüber nachdachte, desto mehr kam ich zu der Überzeugung, dass ich immer *Greet* gesehen hatte, diese einzigartige Person mit ihren guten *und* schlechten Seiten, die ich jeden Tag mehr in mein Herz schloss, und nicht meine bedauernswerte, an Demenz leidende Großtante. Das stimmte mich hoffnungsvoll, denn dieses »Umdenken« – von der Wahrnehmung eines Menschen als Patienten oder Patientin zur Wahrnehmung eines Individuums – kam mir so kinderleicht vor, dass ich die Zukunft der Pflege für Menschen mit Demenz in deutlich rosigerem Licht sah.

Um herauszufinden, ob es wirklich so einfach ist, für eine bessere und menschlichere Pflege zu sorgen, beschloss ich, meine Mission auf eine höhere Stufe zu heben. Ich beschloss, Menschen mit Demenz nicht nur zu pflegen, sondern auch mit ihnen zusammenzuleben. Als Mitbewohner? Genau, als Mitbewohner. Denn eine integrative Gesellschaft beginnt auch bei uns selbst.

MIT OFFENEM VISIER

Als Pfleger weiß ich, dass in vielen Pflegeheimen Zimmer leer stehen, weil es seit Jahren – aus einer Vielzahl von Gründen – nicht genug Personal für die Pflege und Betreuung der Bewohner gibt. Das ist die traurige Realität, und mit der kommenden Flutwelle von Menschen mit Demenz wird das für uns als Gesellschaft noch größere Auswirkungen haben.

Unsere Erwartungen an die Pflege in Pflegeheimen spielen dabei eine große Rolle, denn wir fassen den Begriff »Pflege« in diesem Bereich immer noch zu wörtlich auf. Wir unterliegen der Illusion, dass vor allem medizinisch geschultes Personal nötig ist, damit sich Menschen mit Demenz zu Hause fühlen.

Das ist nicht der Fall, denn wenn ich sehe, wie Besucher, Angehörige und meine eigenen Freunde mit den Menschen, die hier leben, umgehen, dann muss ich konstatieren, dass wir als Pflegefachkräfte noch viel von ihnen lernen können. Sie haben eine Unbefangenheit, die ich auch bei den Mitarbeitern und Mitarbeiterinnen erlebe, die gerade ihre Ausbildung abgeschlossen haben und hingebungsvoll versuchen, eine gute Beziehung zu den Bewohnern aufzubauen. Leider tauschen sie ihre Begeisterung meistens in Nullkommanichts gegen ein festes Schema ein, nach dem sie gehorsam ihre Aufgaben abarbeiten. Das berührt mich zutiefst, denn für die Menschen sorgt man mit dem Herzen, nicht mit Stift und Papier.

Die Tatsache, dass Enthusiasmus und Herzlichkeit durch

diese Regulierungen abstumpfen, ist wirklich die Schwachstelle in der heutigen Politik und der Todesstoß für eine humane Pflege. Menschen wollen einfach normal behandelt werden. Deshalb ist es an der Zeit, dass wir alle selbst mehr Initiative ergreifen. Denn wenn wir in dieser Weise weitermachen, wird es in Zukunft keine menschliche Pflege geben.

Also fasste ich mir an einem irgendeinem Montagnachmittag im März ein Herz und stellte meine Idee, in ein Pflegeheim zu ziehen und dort zu wohnen, dem gesamten Vorstand einer Pflegeorganisation vor. Ihre Grundwerte waren: »Aufmerksamkeit, Freude und Professionalität.« Als junger Enthusiast dachte ich daher: Hier bin ich richtig!

Vor Beginn des Gesprächs hatte ich mir gut überlegt, was ich zu der Organisation und dem Leben der Menschen mit Demenz, meiner zukünftigen Mitbewohner, beitragen wollte. Ich hielt es – sowohl für mich selbst als auch für die Organisation – für enorm lehrreich zu erfahren, was es bedeutet, in einem Pflegeheim zu leben. Und ich wollte das unter zwei mir wichtigen Voraussetzungen angehen:

1. Als Bewohner des Pflegeheims übernehme ich keine professionelle Rolle innerhalb der Institution, ich trete nicht als Pfleger in Erscheinung, und das soll auch nicht von mir erwartet werden. Nur so können die Beziehungen zwischen meinen Mitbewohnern und mir gleichrangig bleiben.
2. Ich habe völlige journalistische Freiheit. Solange die Bewohner mir ihr Einverständnis geben, ihre Erfahrungen mit der Öffentlichkeit zu teilen, kann ich schreiben, was ich will, und darf auch Videos machen. Die sozialen Me-

dien bieten eine gute Möglichkeit, der Gesellschaft Menschen mit Demenz näher zu bringen. Das verkleinert die Kluft.

Schon bald wurde klar: Mein Traum wird wahr! Ich durfte in eines der Pflegeheime einziehen, in ein paar Monaten würde ein Zimmer für mich frei werden. Bei meiner ersten Zusammenkunft mit zwei Führungskräften des Pflegeheims war die Stationsleiterin zunächst etwas überrumpelt von der Idee. Was mich nicht überraschte, ich hätte an ihrer Stelle auch viele Fragen gehabt. Aber in unserem Gespräch zeigten sich beide offen für neue Ideen. Sie erzählten, auch sie fänden, dass sich die Pflege ändern müsse; in diesem Punkt waren wir uns also einig.

Fröhlich wie ein Kind begleitete ich die Stationsleiterin, um die Menschen kennenzulernen, mit denen ich künftig leben würde. Mir fielen gleich die beeindruckenden Ausmaße des Gebäudes auf. Es hatte ein zweistöckiges Korridorsystem und einen Eingangsbereich von der Größe eines Einkaufszentrums. Auch die Farbgestaltung der verschiedenen Wohnungen stach sofort ins Auge: Grün, Blau und Orange. Spontan hoffte ich auf einen Platz in meiner Lieblings-Retrofarbe. Mein Wunsch ging in Erfüllung: Team Orange. Ein guter Anfang.

Nach und nach lernte ich die anderen Mitbewohner kennen, und obwohl ich schon wusste, dass ich meinen Platz sicher hatte, war ich so aufgeregt, als würde ich mich für einen Platz in einem Studentenwohnheim bewerben. Würden sie mich mögen und mich akzeptieren? Die Erste, die sich mir vorstellte, war Leny. Sie musterte mich kurz und machte sofort eine Bemerkung über meine Haare. Sie wedelte mit der Hand und sagte: »Was hast du für schöne

Locken.« An ihrer Körperhaltung konnte ich erkennen, dass Leny eine echte Dame war; sie saß ganz aufrecht und hielt ihr Kinn hoch. Dann ging ich zu Ida, die am Kopfende des Tisches mit gefalteten Händen in einem Rollstuhl saß. Sie nickte mir einmal freundlich zu. Beide Bewohnerinnen waren farbenfroh gekleidet, was mir gut gefiel.

Eine Begegnung hat einen besonders starken Eindruck hinterlassen, ich muss noch oft daran denken. Eine schick aussehende Dame im Rollstuhl saß mit gesenktem Kopf an dem langen Tisch im Speisesaal. Ihr Name war offenbar Clara. Sie trug eine Brille mit Goldrand und war in adrette perlenbestickte Kleidung gehüllt.

Ich ging auf sie zu und kniete mich neben sie. »Guten Tag«, sagte ich und legte meine Hand auf ihr rechtes Knie. Mit geschlossenen Augen gab sie einen unverständlichen Laut von sich. »Was für schöne Schuhe Sie tragen.« Leider zeigte das keine Wirkung, ihre Augen blieben geschlossen. Der Kontaktversuch wurde nicht erwidert, was mich verunsicherte. Es folgte eine Stille.

Ich bin fest davon überzeugt, dass man jederzeit, überall und mit jedem in Kontakt kommen kann, und so besuchte ich sie kurz darauf wieder. Mir war es wichtig herauszufinden, was meine Mitbewohner über meine Ankunft dachten, und wollte es am liebsten von ihnen selbst erfahren. Diesmal drückte ich ihr meine Hand etwas fester aufs Knie und flüsterte ihr ins Ohr, dass wir Hausgenossen werden würden. Nun bekam ich doch eine Reaktion. Sie öffnete ihre Augen, die gleich leuchteten, und setzte sich gerade hin. Innerhalb des Bruchteils einer Sekunde verwandelte sich eine kranke alte Dame in eine stolze und starke Frau. Mit sanfter Stimme fuhr ich fort: »Sie sind herzlich eingeladen, mich auf einen Kaffee zu besuchen.« Die Einladung bewirkte eine Veränderung bei ihr. Es war bewegend anzusehen. Sie zog ihre Augenbraue anmutig hoch, ihr Blick strahlte Energie aus. »Wie schön, Sie können mich auch besuchen.« Mir kamen vor Rührung fast die Tränen. Ich war eben erst angekommen und hatte schon echten Kontakt gefunden.

Ich fasste das als Bestätigung dafür auf, dass mein Plan sinnvoll war. Der allgemeinen Vorstellung, dass Menschen mit Demenz an einem Mangel an Initiative leiden (die man in der medizinischen Welt als »Apathie« bezeichnet), wurde gleich widersprochen. Das stimmte mich hoffnungsvoll. Ich schlug ihr vor, meinen bevorstehenden Einzug zusammen mit einer Tasse Kaffee zu feiern, worauf sie antwortete: »Mit Gebäck.« Natürlich, Clara, mit Gebäck.

Ein paar Wochen später lernte ich alle kennen, die im Pflegeheim arbeiteten, und die Angehörigen derer, die dort lebten. Obwohl sie begeistert waren und mit aufrichtigem Interesse Fragen stellten, war in einigen Stimmen auch ein Hauch von Verwunderung zu hören.

»Warum möchte man mit einundzwanzig Jahren in einem Pflegeheim leben?« Eine sehr verständliche Frage für Erwachsene, die plötzlich einen neugierigen Lockenkopf hereinspazieren sehen, aber meine Antwort war immer dieselbe: »Um das Leben in einem Pflegeheim selbst zu erleben und in Zukunft besser für Menschen mit Demenz sorgen zu können.«

Ich wurde gefragt, ob ich aufgrund meiner beruflichen Erfahrung als Pfleger auch Betreuungsaufgaben übernehmen würde, aber ich betonte, dass ich hier einzig und allein als Bewohner leben würde. Diese Rollen halte ich nach wie vor getrennt, denn sonst wäre ich nie ein echter Mitbewohner, und das ist noch immer mein Ziel. Nur so kann ich mich meinem Gefühl nach wirklich in die Lage von Menschen versetzen, die mit Demenz in einem Pflegeheim leben müssen.

Ich wage – vor dem Hintergrund meiner Berufserfahrung – zu behaupten, dass bei der Pflege von Menschen mit Demenz sehr oft die Perspektive der Betreuenden dominiert. Das sieht man zum Beispiel in den multidisziplinären Besprechungen, die allwöchentlich stattfinden und an denen viele verschiedene Personen beteiligt sind; hier wird über das Wohl und Wehe der Bewohner gesprochen, aber niemals mit ihnen selbst. Mir ist das unbegreiflich. Wie kann man sagen, eine Person sei unglücklich, ohne sie selbst jemals zu befragen? Wie kann man sagen, eine Person sei oft depressiv, ohne sich aufmerksam deren traumatische Kriegsgeschichten anzuhören? Ausschließlich *über* andere zu reden kann keine gute Grundlage für die Entscheidungsfindung sein. Niemals.

Vor meinem Einzug habe ich nahestehenden Menschen erzählt, dass ich in ein Pflegeheim einziehen wolle. Nach ersten allgemeinen Reaktionen – »Wie schrecklich!« oder »Dass du das willst …!« – kamen viele Fragen auf. Es mag seltsam klingen, aber ich bin dankbar für diese ersten heftigen Reaktionen, denn die Fragen haben etwas in mir ausgelöst. Warum erscheint uns denn das Pflegeheim als etwas Schreckliches oder Außergewöhnliches? Und wie kommt es, dass wir lieber nicht über ein Leben mit Demenz sprechen? Den Kopf in den Sand zu stecken ist eigentlich ziemlich naiv. Wer in die Zukunft schaut, weiß, dass wir alle damit in Berührung kommen werden. Wir müssen als Gesellschaft unseren Umgang mit Demenz drastisch verbessern. Aber wie genau? Ebendies wollte ich herausfinden.

Mit einem seltsam wehmütigen, manchmal sehr aufgeregten Gefühl lud ich mein Zeug in den Lkw. Da ich, wie meine Mutter, eine echte Sammelleidenschaft habe, wenn es um Retro-Kram im weitesten Sinne des Wortes geht, musste ich schweren Herzens einige Dinge zurücklassen, konnte aber glücklicherweise alles bei meinen Eltern in ihrem monumentalen Langgiebel-Bauernhof in Brabant unterbringen.

Ich stieg in den Umzugswagen und zwinkerte Papa zu. »Bis bald!«, rief ich, als der Lastwagen die Straße hinunterfuhr. Ich war im Begriff, mein Zuhause auf dem Land gegen ein Pflegeheim in Utrecht, einer der größten Städte der Niederlande, einzutauschen. Plötzlich erschien mir die Tatsache, dass ich meine Eltern noch hatte und sie immer besuchen konnte, wie ein unbegreiflicher Luxus.

Während die Felder und Seitensträßchen an mir vorbeizogen, träumte ich bereits davon, wie meine Erfahrungen zu neuen Erkenntnissen in der Pflege führen könnten. Welche Bedeutung würden die Begriffe, die ich in meiner Ausbildung gelernt hatte – »Selbstmanagement«, »Eigenregie«, »Lebensqualität« –, in meiner Rolle als Bewohner bekommen? Wie würde ich mit dem Tod umgehen, wenn ich die Menschen nicht als Patienten, sondern als meine Mitbewohner betrachtete? Denn eines war sicher: Anders als für meine neuen *roomies* war das Pflegeheim für mich nicht die Endstation meines Lebens. Dieser Gedanke gab dem Umzug einen neuen Anstrich.

Beim Anblick des Amsterdam-Rhein-Kanals kam mir plötzlich alles ganz nah. Heilige Scheiße, es passiert wirklich, dachte ich, als der Lastwagen auf das Gelände des Pflegeheims rollte. Ich werde hier hinter verschlossenen Türen wohnen. Worauf habe ich mich eingelassen? Aber ich fasste mich schnell wieder und dachte an die neuen Menschen, die ich auf eine Weise kennenlernen würde, wie es vorher noch nie möglich gewesen war.

Wir parkten am Tor, in der Nähe meines Zimmers, und fingen an, die Sachen auszuladen. Als ich das Zimmer betrat, sah ich sofort eine festliche Karte, mit lieben Bemerkungen und einigen Strichen, die wohl etwas Ähnliches darstellen sollten. Die Realität der Menschen, hier auf ein Blatt Papier gebannt. Neben der Karte stand eine Willkommensbox, so eine Art Erstausstattung, allerdings nicht für den Lebensanfang, sondern für die letzte Lebensphase. Das wusste ich sehr zu schätzen, denn ich wollte genauso behandelt werden wie alle anderen hier. Ich betrachtete den Becher für die Zahnprothese, das Urinal, die Päckchen mit Inkontinenzmaterial, den Proteindrink und die Tafel Schokolade wirklich als einen herzlichen Willkommensgruß. Mein neues Leben konnte beginnen!

Die ersten kleinen Schritte

»Willkommen, wir freuen uns, dass du hier bist«, erklingt es, als ich die Badezimmertür zum Flur hin öffne. Leicht erschrocken und noch etwas verschlafen sehe ich in die Augen der Nachtschwester. Sie hat einen lieben, sanften Blick und eine Stimme, von der man jeden Morgen geweckt werden möchte. »Gut geschlafen?«, fragt sie noch.

»Ja … einigermaßen«, sage ich, und bevor ich ihr für diese herzliche Begrüßung ein Kompliment machen kann, höre ich schon, wie sie der Nachbarin zuruft: »Guten Morgen, liebe Tineke, auch schon wach? Es scheint ein wunderbarer Tag zu werden, sollen wir heute also etwas Schönes anziehen?«

Lächelnd gehe ich zurück in mein Zimmer, in dem die Sonne ein prächtiges Lichtspiel inszeniert, als wollte auch sie mich an diesem ersten Tag in meinem neuen Zuhause begrüßen.

Ich mache einen kleinen Rundgang durch die Wohneinheiten. Überall herrscht eine heitere, ruhige Atmosphäre, sogar das Radio und der Fernseher sind ausgeschaltet, was in einem Pflegeheim nicht oft vorkommt. Auf dem Korridor in der Nähe der blauen Wohneinheit laufe ich einer Mitbewohnerin entgegen, Eugenie. Sie trägt nur ein Shirt und hat einen BH in der Hand. Als ich in ihrer Nähe bin, schaut sie auf.

»Läufst du auch so herum?«, fragt sie.

»Ja, ich schaue mich ein wenig um. Ich freue mich, dass ich Sie getroffen habe.«

»Ja, ich mich auch.«

Ich gehe zur Sitzecke im Flur, Eugenie setzt sich neben mich. Ich erzähle ihr, dass mich die Nachtschwester wahnsinnig nett begrüßt hat und wie froh ich bin, hier zu sein.

»Schön, ich auch«, antwortet sie.

Im nächsten Augenblick rückt die Frühschicht an, um den Tisch zu decken. »Yes, Frühstück!«, rufe ich. Wer mich kennt, weiß, warum ich so reagiere: Ich bin immer hungrig.

Mit einem Teller voller Butterbrote setze ich mich an den großen Tisch im Gemeinschaftsraum, wo mir zunächst nur Packungen mit Fruchtstreuseln und Gläser mit Erdnussbutter und Appelstroop (dickflüssigem Apfelsirup) Gesellschaft leisten. Bis sich nach einer Weile eine Tür öffnet. Eine Mitbewohnerin betritt den Raum; sie tauscht gerade mit einer Pflegerin die Neuigkeiten auf der Station aus. Die Frau sieht sehr gepflegt aus, und sie hat schönes, wellig fallendes Haar. Der Pflegerin scheint ihre Arbeit Spaß zu machen, sie lächelt freundlich und wirkt energisch. »Setz dich mal da hin«, sagt sie zu meiner Mitbewohnerin. »Tineke«, antwortet diese, als ich mich vorstelle. Sie drückt mir fest die Hand und zwinkert mir zu. Kein Zweifel: Wir verstehen uns auf Anhieb.

Das bestätigt sich auch kurz darauf, als wir nach dem ausgiebigen Frühstück zu einem Schwätzchen auf die Couch fallen. »Vom Friseur wurde ich gestern auch schon irgendwo hingesetzt. Das durfte ich auch nicht selbst bestimmen.« Tineke denkt nach. »Na ja, lassen wir's gut sein … Ich wohne nun mal hier, ich bin kein streitsüchtiger Mensch und will mich auch nicht immer stur stellen. Das wird mir hier allerdings ganz schön schwer gemacht.«

Ich frage mich, was genau sie so stört, denn sie redet in einer Tour weiter.

»Wenn manche Leute denken, dass sie mehr wert sind, sollen sie das nur tun. Aber ich muss natürlich auch die Chance bekommen, mein eigenes Leben zu führen, und das ist hier einfach nicht möglich. Ich mag es nicht, wenn alles von anderen kontrolliert wird, dazu sind sie nicht da. Sie sind dazu da, Menschen zu helfen.«

Offenbar ist etwas vorgefallen. Und wenn man schon früh am Morgen so von der Rolle ist, muss es sich um etwas handeln, das einem gehörig gegen den Strich geht.

»Glaub nur nicht, dass ich den ganzen Tag hier sitzen und mäkeln will. Ich weiß sehr wohl, dass ich dann ein bisschen bockig werde. Aber wenn ich es bei dir loswerden kann, fühl ich mich gleich leichter«, sagt sie mit einem Blick, der um Erlaubnis bittet.

»Jederzeit, Tineke«, antworte ich, während ich ihre Hand halte und merke, wie sie langsam wieder zu Atem kommt.

Neben mir sitzt eine starke und liebe Frau, die mir schon am ersten Morgen unseres Zusammenwohnens ihre Sorgen anvertraut. Das ist etwas ganz Besonderes. Gleich zu Beginn meines neuen Lebens mit der Nase auf die Tatsachen gestoßen zu werden, fühlt sich wie eine Bestätigung für meinen Entschluss an, hier als Mitbewohner einzuziehen.

Tineke will eindeutig die Regie über ihr Leben selbst in der Hand behalten, und sie kann gut in Worte fassen, wann ihr die Möglichkeit, ihrem Gefühl nach, genommen wird. Ob sie sich das auch gegenüber den Pflegekräften so zu äußern traut? Meinem ersten Eindruck nach eher nicht. Selbstbestimmung für Menschen mit Demenz ist ein »heißes Eisen« innerhalb der Betreuung im Pflegeheim. Ich frage mich, ob so etwas im Rahmen des heutigen Pflegeverständnisses überhaupt möglich ist. Tinekes Ansicht nach jedenfalls nicht, und ich bin sehr gespannt, in welche Richtung sich meine eigenen Gedanken dazu während meines Aufenthalts hier entwickeln werden.

Nun kommt eine andere Mitbewohnerin in den Gemeinschaftsraum. Sie geht schnell zum Tisch neben dem Sofa und schiebt ihren Rollator in die Ecke. Dann winkt sie mir freundlich zu und setzt sich. Ich gehe zu ihr hin und packe die Schokolade aus, die ich gestern gekauft habe, um mir einen guten Einstieg zu verschaffen. Ich frage sie, ob sie ein Stück davon möchte. Das muss ich nicht zweimal sagen, ohne zu zögern greift sie in die Schachtel. Ich habe die Bewohnerin schon einmal gesehen und stelle mich ihr vor: »Ich heiße Teun und bin eben hier eingezogen.« Ohne diese Mitteilung irgendwie seltsam zu finden, antwortet sie: »Leny. Leny de Planque.«

Die Schokolade erweist sich als ein gutes Mittel, um Kontakt zu knüpfen, also gehe ich damit zu Tineke zurück. Vorsichtig nimmt sie sich ein Stück. »Oh, nun habe ich doch zwei erwischt«, ruft sie, und ich muss lachen, denn das kenne ich. Wenn eine Keksdose vor mir steht, picke ich auch immer die Kekse heraus, die »zufällig« mit anderen zusammenkleben.

Meine Mitbewohnerin Ida kommt herein und kippt beim Anblick der Schokolade fast aus dem Rollstuhl. In ihrer Begeisterung ist sie zu schnell für mich; ehe ich mich versehe, stopft sie sich den ganzen Mund voll. »Freut mich, dass du sie so lecker findest«, sage ich im Scherz zu ihr, woraufhin sie mich glückselig ansieht.

Während ich mir das letzte Stückchen Schokolade in den Mund schiebe und meine Mitbewohnerinnen genauer betrachte, höre ich von links: »Hier liegt noch ein Gebiss auf dem Sofa, wem gehört das?« Natürlich, ein Gebiss auf dem

Sofa, denke ich mit einem breiten Grinsen auf dem Gesicht. That's life!

Der Nachmittag neigt sich dem Ende zu, um Punkt halb sechs ist Essenszeit. In einer regelrechten Prozession traben wir alle zum Tisch, auf den soeben das unverzichtbare Glas mit Apfelmus gestellt wird. Die Mitarbeiterin der Abendschicht, eine wortgewandte Dame, fragt, ob es jemand aufdrehen kann. Sie sucht ausdrücklich nach einem starken Mann. Die Auswahl ist in dieser von Frauen dominierten Welt allerdings begrenzt: Lambert und ich sind die einzigen anwesenden Männer.

Lambert Kramer, der im Zimmer mir gegenüber wohnt, hat einen verschmitzten Gesichtsausdruck. Sein erster Versuch, das Glas zu öffnen, scheitert, dann greift er sich ein Messer und schlägt damit auf den Deckel. Nachdem er drei Beulen in den Deckel gehauen hat, ist das Glas immer noch nicht offen. Daher beschließt er, es mir zu geben. »Probier du's mal, Junge.«

Und wer hätte das gedacht. Es gelingt mir schon beim ersten Mal! Was wirklich ungewöhnlich ist, denn bei meiner Statur gewinne ich ein Kräftemessen eher selten. »Was man nicht in den Armen hat …«, sage ich und warte auf eine Reaktion von einer der Mitbewohnerinnen am Tisch.

Tineke ruft lachend: »… muss man im Kopf haben!«, und fährt dann selbstironisch fort: »Aber bei mir ist da heute bestimmt nichts, ich habe wieder den ganzen Tag nach meinem Telefon gesucht.« Tinekes entwaffnender Blick gibt ihr den Raum, auch die unangenehmen Seiten ihrer Demenz anzusprechen. Das kann eine gute Überlebensstrategie sein, wenn die eigene Welt immer weiter zusammenschrumpft. Ich fühle mich Tineke so verbunden, als hätten wir schon Freundschaft geschlossen.

Nach dem Essen möchte ich noch rausgehen. Es gibt zwar einen Ausgang, aber die Türen sind zu. Mein erster eigenständiger Ausflug ins Freie wird von einer an der Wand montierten Codebox blockiert, deren Tasten vom häufigen Gebrauch schon ziemlich abgenutzt sind. Während ich mich an den Code zu erinnern versuche, fällt mein Blick auf das Blatt, das an der Tür klebt.

Der Text jagt mir Schauer über den Rücken:

Bewohner dürfen nicht
ohne Erlaubnis nach draußen.

Stellen Sie sich vor, Sie fühlen sich wie eine Person, die gut zurechtkommt, und dann stoßen Sie auf diesen Text. Was würden Sie denken? Es muss doch furchtbar beängstigend sein und das Selbstwertgefühl unmittelbar untergraben. Dieser eine Satz spricht Bände über die Machtverhältnisse im Pflegeheim, finde ich.

Während ich noch darüber nachdenke, gehe ich in Richtung Gemeinschaftsraum, denn die aktuelle Jahreszahl funktioniert nicht als Zugangscode. Nachdem ich den richtigen Code erhalten habe, versuche ich es noch einmal, diesmal mit Erfolg. Bald darauf stehe ich vor weiteren automatischen Türen, die sich zum Glück von selbst öffnen.

Ich bin draußen und selig. Mir begegnen das Brummen der Autos, das Rauschen des Windes und alle möglichen anderen Geräusche des Lebens. Schnell stöpsele ich meine Kopfhörer ein, um ein bisschen Musik zu hören, und schwinge mich auf mein Fahrrad, um den Sonnenschein und die Menschen auf der Straße zu genießen. Eine leichte Brise streift über mein Gesicht und bietet mir etwas Kühlung. Das ist die ultimative Freiheit, denke ich, als ich auf der Gracht abbiege und ins Zentrum der Utrechter Altstadt fahre. Genau in dem Moment ertönt der Song *I Want to Break Free* von Queen in meinen Ohren. Reiner Zufall natürlich, eine willkürliche Auswahl aus meiner Spotify-Playlist »Discover Weekly«, aber heute fühlt es sich nicht zufällig an, sondern als könnte es gar nicht anders laufen.

Später, zurück im Heim, komme ich mit Lambert ins Gespräch. Mein Nachbar von gegenüber schaut mit seinem Handy in der Hand mal kurz vorbei, um sich mein Zimmer anzusehen. »Sieht schon fast bewohnbar aus«, sagt er mit einem Hauch Sarkasmus in seiner Stimme und fährt sich durch sein spärliches Resthaar. »Wir haben hier wirklich eine schlechte Internetverbindung, damit lässt sich kaum etwas anfangen.« Das Problem besteht seiner Meinung nach darin, dass das Netz für die Bewohner nicht bis zum Ende des Gangs reicht. Leider habe ich noch keinen Wi-Fi-Code bekommen, sodass ich nicht testen kann, ob es am Netz oder an seinem Smartphone liegt.

In Pflegeheimen einen guten digitalen Zugang einzurichten ist eine interessante Herausforderung für die Zukunft. Denn die Digitalisierung der modernen Welt dringt immer weiter auch in die Pflege vor, selbst hinter verschlossene Türen. Immer mehr Menschen mit Demenz haben ein Smartphone und wünschen sich einen Internetzugang, damit sie mit ihrer Familie und ihren Freunden Kontakt halten können. Das ist wahnsinnig wichtig, weil sich der Kontakt zu anderen Menschen durch das Leben in einem Pflegeheim ohnehin schon stark verändert. Doch der freie Zugang zu einer unbegrenzten digitalen Welt bringt möglicherweise auch Probleme mit sich, etwa Verletzung der Privatsphäre, Phishing oder übermäßige Nutzung der sozialen Medien.

In Lamberts Fall steckt die Digitalisierung übrigens unverkennbar noch in den Kinderschuhen; sein Rumgeeiere mit dem Telefon verrät, dass seine Beziehung zu »diesem Ding« noch ziemlich neu ist.

Viel vertrauter ist Lambert mit den Dingen, die er an meiner Wand sieht. Ich bin nämlich dabei, meine alten Plattenhüllen aufzuhängen. Sein Frust über den schlechten Zugang verflüchtigt sich sofort; er beginnt, von den Künstlern zu erzählen, die er dort sieht.

Über die Musikstorys und die damit verbundenen Emotionen kommen wir auf das Leben im Pflegeheim zu sprechen. Lamberts Kommentar dazu ist kurz und bündig: »Wertlos.« Einen Moment lang schweigen wir beide. »Es ist langweilig. Kein Vergleich zu dem, was ich früher in meinem Leben gemacht habe. Ich hatte eine eigene Druckerei, und jetzt wohne ich hier in einem kleinen Zimmer.«

Wir sehen uns an. Zunächst kam mir Lambert ziemlich glücklich vor, aber dieses Bild zerbröselt, als ich ihn so reden höre und sehe. Sein Blick wirkt unglücklich. Und das macht mich unendlich traurig. Auf der Suche nach einem Hoffnungsschimmer, der ihn aufmuntern könnte, schlage ich vor: »Irgendwann gehen wir mal deine Druckerei besuchen.«

»Oh, dürfen wir wieder nach draußen?«, fragt er gleich mit einem Leuchten in den Augen, und ich erschrecke, denn ohne die Erlaubnis seines gesetzlichen Vertreters können wir leider nichts unternehmen. Ich beteuere, mich dahinterzuklemmen, aber versprechen kann ich ihm noch nichts. Es ist schmerzlich, aber die Kultur im Pflegeheim ist manchmal weit entfernt von den Wünschen der Menschen mit Demenz selbst. Eine derart strenge Kontrolle über die elementaren Lebensbedürfnisse auszuüben, steht aus meiner Sicht im Widerspruch zu dem Thema, das meinen ersten Tag hier beherrscht: Selbstbestimmung.

Ich frage Lambert, ob er verheiratet ist. Er schluckt. »Ja«, antwortet er, und ich sehe in seinen Augen, wie sehr ihm seine Frau fehlt. Sein eindringlicher Tonfall schnürt auch mir die Kehle zu. Einen Moment lang frage ich mich, ob ich in dieser Umgebung glücklich werden kann. Aus Lambert spricht großer Kummer, und ich hoffe, dass ich meine Einstellung beibehalten kann, wenn mich so viel Elend umgibt.

Trotzdem fühlt sich die Entscheidung, hier einzuziehen, richtig an. Mich faszinieren die Kultur und das alltägliche Leben im Pflegeheim, mit all den unterschiedlichen Emotionen, die mir dort begegnen. Und neben der Traurigkeit sehe ich auch viel Schönes. Es wird gelacht und sogar noch getanzt, als ein Pfleger die Musik anstellt und Leny zum Tanz auffordert. Im Abendrot tanzen die beiden durch den Gemeinschaftsraum, und ich sehe, wie die Lebensenergie die Hüften meiner Mitbewohnerin zum Schwingen bringt. Es wirkt, als würde plötzlich eine junge Frau in einer Diskothek tanzen, einfach so, mitten im Gemeinschaftsraum des Pflegeheims. Einfach so … in meinem neuen Zuhause.

II

ZWISCHEN HOFFEN UND BANGEN

LEBEN NACH DEM TOD

»Hast du manchmal Angst vor dem Sterben, Mama?«, frage ich, während ich meine Wäsche der ersten Woche in die Trommel werfe. Ich habe die Erfahrung gemacht, dass die Wäsche in Pflegeheimen in derart großen Mengen gewaschen wird, dass Einzelnes manchmal stark eingelaufen oder gar nicht zurückkommt. Deshalb bin ich zum Wäschewaschen lieber in den mütterlichen Schoß zurückgekehrt.

»Ich … nein, nicht vor dem Sterben. Älter werden finde ich viel schlimmer. Sterben tun wir sowieso alle, mein Junge, deshalb sollten wir damit möglichst normal umgehen, und wenn es so weit ist, hoffe ich, dass es schnell geht.« Das ist wieder mal typisch: Meine Mutter ist eine hübsche, extravagante Frau mittleren Alters (sorry, Mama, aber so ist es nun mal), die auch am liebsten bis zu ihrem letzten Atemzug so bleiben würde. Aber sie kann auch sehr nüchtern rüberkommen, wenn es um die großen Dinge des Lebens geht – für mich ist sie eine Art Bauernhippie.

»Bei dir klingt das herrlich harmlos, Mama. Im Pflegeheim ist der Tod ein häufiger Gast, also sollte ich das vielleicht auch so sehen.« Ich mache mir ein Bier auf und sage: »Prost, Mama, auf das Leben«, ohne zu ahnen, dass der Tod schon in der nächsten Woche in meinem neuen Zuhause Einzug halten wird.

Zwei Tage später sitze ich neben der vornehmen Clara, bereit für einen der Höhepunkte des Tages, das Abendessen. Vor meinem Einzug hatte ich noch den Ehrgeiz,

Vegetarier zu werden, aber nach einer Woche im Pflegeheim ist mir klar, dass das nicht der beste Zeitpunkt dafür ist. Wie an den meisten Abenden essen wir nämlich frische holländische Hausmannskost: Kartoffeln, Gemüse und ein Stück Fleisch.

Clara hat noch etwas anderes vor ihrer Nase stehen, oder besser gesagt vor ihrer Stirn, denn ihr Kopf mit dem schönen gewellten grauen Haar hängt ziemlich tief nach unten. Vor ihr steht eine Flasche mit Ergänzungsnahrung, ein Getränk mit Bananengeschmack und zusätzlichen Proteinen. Sie nimmt keinen einzigen Schluck davon, und weder die Pflegerin noch ich schaffen es, Kontakt zu ihr aufzunehmen. Sie wirkt wie im Tiefschlaf, und als sie auch bei den nächsten Ess- und Trinkgelegenheiten nichts mehr zu sich nimmt, schrillen bei mir die Alarmglocken. Da stimmt was nicht, denke ich, während ich ihr das Lätzchen abnehme. Wenn sich dieses Verhalten fortsetzt, führt es unweigerlich zum Tod.

An den nächsten beiden Tagen taucht sie auch am Frühstückstisch nicht auf. Ist es denn schon so weit, frage ich mich. Ich bin erst so kurz hier, und schon soll ich eine Mitbewohnerin verlieren. Wenn es wirklich so schlecht um sie steht, wie ich denke, hat man wahrscheinlich schon mit der palliativen Sedierung begonnen, um sicherzustellen, dass sie auf humane Weise sterben kann. Meine Vermutung erhärtet sich, als ich den Arzt und einen Praktikanten in Richtung ihres Zimmers gehen sehe.

Teils aus Neugierde beschließe ich, zurück zu meinem Zimmer zu gehen. Ich komme an Claras Zimmer vorbei. Ihre Tür steht offen. Aus den Augenwinkeln sehe ich Clara im Bett liegen. Sie ist offenbar noch am Leben, denn das Gesicht eines toten Menschen erkennt man gleich, vor allem, wenn man schon einmal einen Toten gesehen hat. Der Arzt und ein Praktikant stehen neben ihr und schauen sich an; mir ist immer noch nicht klar, was genau vor sich geht.

Das ist eine Erfahrung, die für mich völlig neu ist, denn in meiner Rolle als Pfleger würde ich einfach fragen, wie es um sie steht. Doch nun halte ich das nicht für angebracht. Ich habe mich bewusst für meine Rolle als Bewohner entschieden und will diese Rolle auch nicht verlassen, um Interessenkonflikte oder andere schwierige Situationen zu vermeiden. Ich möchte auf keinen Fall den Eindruck erwecken, dass ich den Pflegekräften wie eine Art Spion auf die Finger schaue.

Lambert hat mitbekommen, dass ich in mein Zimmer zurückgegangen bin. Er kommt öfter auf ein Schwätzchen bei mir vorbei, so auch jetzt. Ich frage ihn, ob er gehört hat, wie es um Clara steht. Lambert runzelt die Stirn. »Ich nehme an, dass sie noch lebt, sonst hätten wir doch bestimmt schon was gehört?« Das ist eine mehr als logische Überlegung, also beschließe ich, mich auf die restlichen Umzugskartons zu stürzen, die schon eine Weile in meinem Zimmer stehen.

In den folgenden Tagen bekomme ich von Claras Zustand wenig mit, bis ich ihre Angehörigen im Wohnzimmer antreffe. Sind sie gekommen, um Abschied zu nehmen? Offenbar nicht, sie sind gekommen, um ihre Sachen abzuholen. Ihre Sachen abzuholen?

Während Lambert und ich uns noch fragten, wie es um Clara stand, war sie also schon gestorben und vom Bestattungsunternehmen abgeholt worden, ohne dass jemand von uns davon erfahren hatte. Meine vornehme Nachbarin ist gestorben, die erste Bewohnerin, mit der ich wirklich

Kontakt hatte, und wir haben nicht einmal Abschied nehmen können. »Das darf doch nicht wahr sein«, sage ich laut im Aufenthaltsraum. »Das kann man ethisch doch nicht verantworten?«

Wenn etwas so Grundlegendes und Bedeutsames wie die Anteilnahme am Tod und das Abschiednehmen von einer Verstorbenen außer Acht gelassen wird, weil man es offenbar für Menschen mit Demenz als unwichtig erachtet, von welchen anderen Lebenserfahrungen werden sie dann noch ausgeschlossen? Vielleicht haben die Pflegekräfte einfach nicht daran gedacht, aber mich lässt der Gedanke nicht los und beängstigt mich. Wie soll ich das den Mitbewohnern, denen ich die Nachricht überbringen muss, erklären?

Das Seltsame an meinem neuen Zuhause ist, dass ich hier ständig zwischen Glück und Traurigkeit schwanke. Nur wenige Tage später kann ich mich zum ersten Mal offiziell als diplomierter Pfleger bezeichnen. Kurz vor Beginn der virtuellen Diplomübergabe beschließe ich, mich mit meiner neuen Mitbewohnerin Elly bekannt zu machen. Sie wohnt jetzt in Lamberts Zimmer, der zu seiner Frau nach Hause zurückgekehrt ist. Lambert wohnte offenbar nur vorübergehend in dem Pflegeheim, damit sich seine Frau einmal für kurze Zeit von der Pflege erholen konnte. Überglücklich verließ er das Heim. Das ist nur wenigen möglich, und ich gönnte es ihm so sehr, denn jeden Tag konnte ich mitansehen, wie die Leere in seinem Blick größer wurde. Wie schön für ihn. Nun hoffte ich, dass Elly ein netter Ersatz war.

Die Geräusche aus dem Zimmer sagen mir, dass ihre Kinder da sind. In meinem schicken Anzug und mit zwei

Paar Schuhen in der Hand stehe ich in der Tür, auf Socken wohlgemerkt.

»Guten Tag«, sage ich.

Elly sieht auf, sie sitzt in ihrem luxuriösen Sessel. »Hallo«, reagiert sie begeistert.

»Ich komme, um mich vorzustellen, wir sind Mitbewohner. Ich bin der Nachbar von gegenüber.«

Sie schaut überrascht, wir geben uns die Hand.

»Ich sehe, dass Sie viel von Mode verstehen«, sage ich. »Sie sehen nämlich schick aus. Und da wir gerade miteinander reden: Welche Schuhe passen Ihrer Meinung nach am besten zu meinem Anzug?«

Elly fängt an zu lachen und denkt kurz nach. »Die da«, sagt sie mit voller Überzeugung und zeigt auf die grauen spitzen Schuhe mit den gelben Absätzen.

Mit diesen Schuhen an den Füßen und dem anderen Paar in der Hand kehre ich in mein Zimmer zurück. Dort beginnt gerade die Zeremonie der Überreichung, oder besser gesagt: Der Laptop ist eingeschaltet.

Zum Glück erlebe ich die Zeremonie trotz aller Covid-Maßnahmen nicht allein, denn Muriel und Tineke sind bei mir. Muriel sagt, sie fühle sich geehrt, bei diesem besonderen Moment dabei zu sein, aber sie scheint sich noch mehr über meine Veranlagung zu freuen: »In meiner Familie gibt es keine Schwulen, aber ich hätte das nett gefunden. Ehrlich, schon immer.« Der Ton ist gesetzt.

Zwischenzeitlich kommen meine Mitschüler und Mitschülerinnen ins Bild. Alle sind schick gekleidet, im Hintergrund sehe ich Weingläser und Girlanden. Auch Muriel entgeht das nicht: »Ein Herr im Anzug ist mir lieber als einer in Jeans.« Ich sitze zwischen den beiden Damen, die das Konfetti bereithalten, Muriel und Tineke haben ein

Glas Weißwein in der Hand. Mein Tag ist schon gerettet, denke ich, als der offizielle Teil beginnt: Der Eid, mit dem ich feierlich gelobe, meinen Beruf gewissenhaft auszuüben.

Dann wird der Wein schnell gegen Luftballons eingetauscht, denn es ist fast Zeit für den *Highschool*-Moment, in dem mein Name genannt wird. »Das merke ich«, sagt Tineke, als ich ihr gestehe, dass ich ein bisschen nervös bin. Als mein Name erklingt, knallt es, und das Konfetti wirbelt durch die Luft, Muriel und Tineke halten feierlich die Luftballons hoch.

»Bam!«, sagt Muriel lachend, und Tineke lacht laut mit.

»Das hätte ich nicht verpassen wollen«, sagt Muriel.

Der ganze Raum ist voller Konfetti, einige Schnipsel sind auch in unseren Haaren gelandet. Ich zupfe sie vorsichtig aus Tinekes Hochsteckfrisur, wobei sie ein bisschen ergriffen wirkt. »Ich hätte nie gedacht, dass ich in meinem Alter noch eine Diplomfeier miterlebe.«

Eine schönere Gratulation hätte ich mir nicht wünschen können, denn ich habe diese Ausbildung gerade für Tineke, meine anderen Mitbewohner und überhaupt alle Menschen mit Demenz abgeschlossen. Dieses Glück mit ihnen teilen zu dürfen, ist ein ganz besonderes Gefühl.

Nach der Zeremonie geht Muriel wieder in ihre eigene Wohnung, kehrt aber gleich darauf mit Teunie, einer weiteren Mitbewohnerin von Wohnung 1, zurück. Offenbar kann sie mich nicht allzu lange entbehren. Muriel beginnt, von ihrer Familie zu erzählen. »Ich sterbe erst, wenn ich meine Enkelin in den Armen gehalten habe«, sagt sie über ihre Enkelin Melanie. Sie spricht gerne über ihre Herkunft und ihre Erziehung. »Niemand hat eine so gute Erziehung genossen wie ich. Ich bin eine Tochter aus begütertem Haus.« Als Adelige aus Curaçao ist sie sehr stolz auf ihre

Herkunft. »Ich hatte eine schöne Kindheit. Sonntags sind wir immer zur *Bai* gegangen, was man hier den Strand nennt. Dann kochten wir gemeinsam mit Verwandten, Freunden und Bekannten. Niemand brauchte etwas zu bezahlen oder mitzubringen. Mein Vater sorgte für alle. Man kann zu jemandem, der kein Geld hat, doch nicht sagen: ›Du musst etwas bezahlen!‹ Mein Vater konnte sich das erlauben, denn er arbeitete für Shell, also hat er für alle bezahlt.«

Muriel gleicht, was das Aussehen angeht, eher ihrer niederländischen Mutter, finde ich, aber diese Feststellung weiß sie gut zu parieren. »Ich sehe vielleicht nicht aus, als käme ich aus der Karibik, aber das mach ich mit meinem Herzen und meinem Temperament wieder wett.« Sie setzt sich stolz aufrecht hin, wie eine wahre Königin. »Dann sind wir in die Niederlande gegangen. Als ich fünfzehn war. Mein Vater war der Meinung, dass die Studienmöglichkeiten hier besser seien, und er hatte recht, denn du sitzt neben einer echten Professorin.« In welchem Fach, will sie nicht sagen. »Das klingt so angeberisch, also sage ich es nicht. Ich spreche nicht darüber, weil ich einfach so sein will, wie ich bin.«

Voller Erstaunen höre ich ihre wohlgeformten Sätze und beobachte ihre ausdrucksvolle Mimik, wenn sie über ihre Vergangenheit spricht. Was für ein Funkeln und welche Energie. Leider verblasst diese schnell, als ich sie nach der Gegenwart frage: »Wie findest du es hier im Pflegeheim?«

Einen Moment lang ist sie still. »Mit dieser Frage habe ich nicht gerechnet. Lass mich kurz nachdenken … Ich bin hierhergekommen, weil ich mich nicht mehr selbst versorgen konnte. Ich wäre lieber in meiner eigenen Wohnung geblieben, aber dabei konnte mich niemand unterstützen.

So blieb mir keine andere Wahl, als hierherzukommen. Man muss sich anpassen. Ich finde es hier weder gut noch schlecht. Für die Behaglichkeit muss man selbst sorgen, die kann man nicht kaufen.«

Diese Antwort erfordert eine eingehendere Erklärung. Ich frage sie, wie sie es sich behaglich macht, denn das würde ich selbst auch gern tun.

»Indem ich mich anpasse, das kann ich sehr gut«, sagt Muriel. »Jeden Abend trinke ich mein spezielles Gläschen Eierlikör. Ein Drittel flüssiger Pudding, zwei Drittel Eierlikör.« Sie muss lachen. »Der ist köstlich, Teun. Sie kaufen ihn hier extra für mich. Deshalb ist es ein bisschen schade, dass du mich ausgerechnet mit Eierlikör überraschen wolltest.«

Wir lachen gemeinsam über die misslungene Überraschung. Die Sache mit dem Eierlikör verstehe ich gut, aber was die Anpassung angeht, stellen sich mir noch einige Fragen. Können wir, die wir im Pflegeheim wohnen, denn unsere Identität wahren, wenn wir uns an die Kultur hier anpassen, oder erwartet man von uns, dass wir uns völlig verändern?

»Ja gerne«, sagt Muriel begeistert, als ich ihr anbiete, die Flasche Eierlikör mitzunehmen. »Gutes Zeug hast du da gekauft.« Ihr Gesichtsausdruck macht deutlich, dass sie doch ganz zufrieden damit ist.

»Du bist wirklich eine Type«, sage ich.

»Das sagen sie schon seit meiner Geburt zu mir, und ich bin es immer noch«, antwortet sie stolz und verschwindet mit der gelben Flasche im Korb ihres Rollators auf dem Flur.

Nach dem Abendessen gehen alle in ihrem eigenen Tempo ihren eigenen Beschäftigungen nach. Für viele bedeutet das, sich aufs Sofa zu verziehen und fernzusehen, aber nicht für mich, denn ich habe noch viel Lesearbeit für meinen neuen Studiengang vor mir.

Ich sitze ich schon einige Stunden in meinem Zimmer, als es gegen zehn Uhr leise klopft. Ich öffne, und vor der Tür steht Tineke. »Darf ich einen Moment reinkommen?«, fragt sie. Sie sieht ein wenig besorgt und müde aus und geht gebückter als sonst.

Eigentlich bin ich erledigt, denn mit dieser Abschlussfeier war es ein intensiver Tag, aber ich bitte sie trotzdem herein.

Tineke erzählt, dass sie Dorien, eine sehr gute Freundin, anrufen wollte. »Da hat man mir gesagt: ›Das brauchst du nicht, wir haben uns schon gekümmert.‹ Ich glaube, ich habe dann innerhalb von zwei oder drei Minuten etwas gesagt, das eskaliert ist und was mir nicht mehr aus dem Sinn geht. Ich fühle mich so elend, als wäre ich Altpapier.« Obwohl ich ihr nicht ganz folgen kann, ist es doch offenkundig, dass sie etwas Schlimmes erlebt hat. »Es passieren Dinge hinter meinem Rücken. So in der Art: Das ist geregelt, und ich muss mich damit abfinden.«

Sie schluckt. »Und dann habe ich darüber nachgedacht, wie ich das Leben hier finde, denn ich habe es doch gut hier. Ich glaube, ich werde mich doch entscheiden, hier wohnen zu bleiben.« Tineke muss sich demnächst entscheiden, ob sie dauerhaft bleiben will. Der richterliche Einweisungsbeschluss erlischt, und von dem Zeitpunkt an lebt sie freiwillig hier. »Ich denke, jetzt muss ich doch einfach mal mit dir reden, denn ich krieg es nicht hin. Ich fange an zu stottern, ich fange … Ich vergesse Dinge. Ich weiß nicht, was ich tun soll.« Sie schweigt. »Ich fürchte, es gibt kein Zurück mehr.«

Wohin sie denn gern gehen würde, frage ich sie.

»In das Haus, in dem wir wohnen. Damit meine ich nicht mein eigenes Haus.« Tineke reibt mit ihrem Daumen sanft über den Zeigefinger, was ich als Zeichen für Anspannung deute. »Sie haben es einfach geregelt, und ich habe es nicht bemerkt. Ich habe auf eine der Damen gewartet, denn ich sollte etwas … Na ja, gut. Ich weiß es nicht genau. Ich bin durcheinander. Ich kann es nicht richtig erzählen.« Ich frage Tineke, wovor sie Angst hat. »Ich kann also … Das Zimmer, in dem ich war, war plötzlich nicht mehr mein Zimmer. Dann wurde ich in ein anderes Zimmer verfrachtet. Ich bin wirklich so durcheinander«, sagt sie schluchzend.

»Ich weiß, liebe Tineke«, antworte ich. »Es ist alles zu viel gewesen. Soll ich mit dir in das Zimmer gehen, in dem das Bild von deinem Hund hängt?« Ich sage das bewusst so, denn ihr Zimmer kommt ihr nicht immer wie ihr Zimmer vor, aber wenn ich ihren Hund erwähne, fühlt es sich zumindest wie ein sicherer Hafen an.

Nachdem ich mit Tineke zu ihrem Zimmer gegangen bin, falle ich in meinem guten Anzug aufs Bett. Uff, was für ein Tag! Es war wie in einem Mixer, in dem im Turbogang unterschiedliche Emotionen herumwirbelten. Ein Tag mit Glücksmomenten aus meiner alten Welt und mit Glücksmomenten in meiner neuen Welt, aber vor allem ein Tag, den ich nie vergessen werde. Und ehe ich michs versehe, gehen bei mir die Lichter aus, obwohl die Lampe noch an ist.

Am nächsten Morgen ist meine Müdigkeit noch nicht ganz verflogen, und es fällt mir schwer, aus der Dusche zu kommen. Zweimal in einer Minute sehe ich, wie sich die Türklinke bewegt, weil jemand hereinkommen will.

»Teun duscht gerade«, höre ich die Pflegerin sagen.

»Oh, es ist besetzt«, antwortet Leny.

Mein Handtuch habe ich mit meinem benebelten Kopf vergessen, also wickle ich mir den Bademantel um. Mit klatschnassen Haaren und Tropfen auf der Brille erscheine ich in der Tür zum Aufenthaltsraum. »Leny, das Bad ist frei«, melde ich, sehr zur Freude meiner Mitbewohnerin.

Ich gehe in mein Zimmer, denn eigentlich muss ich für mein Studium noch einiges lesen, aber es fällt mir schwer, mich zu konzentrieren. Mein Kopf fühlt sich völlig leer an. Meine neue Welt verlangt viel von mir. Als Elly in mein Zimmer kommt, kann ich es nicht mehr verbergen. Ich schiebe meine Studienbücher beiseite. Sie fragt, wie es mir geht, ich zögere einen Moment, dann antworte ich ehrlich: »Es ist alles ein bisschen viel, El.«

»Das glaube ich«, antwortet Elly verständnisvoll. »Aber du machst das gut, wirklich …«

»Danke«, sage ich, traue mich aber nicht, sie anzuschauen, weil ich fürchte, in Tränen auszubrechen.

»Ach Jungchen«, sagt sie und legt mir die Hand auf die Schulter: »Bleib einfach du selbst, dann wird alles gut.«

DIE GROSSE FRAGE

Wer noch nie in einem Pflegeheim war, den erschreckt dieses Buch womöglich. Vielleicht sind aber auch Menschen, die schon einmal dort waren oder dort arbeiten, erschrocken. Denn ich glaube, fast niemand würde sein Zuhause freiwillig gegen ein solches Zimmerchen eintauschen. Ich sage »fast«, denn jetzt, wo ich mein Zimmer ein bisschen aufgemöbelt und in einen *retro room* verwandelt habe, dringt die Realität zu mir durch. Ich lebe in einem Pflegeheim! Ich spüre, wie mir bei dem Gedanken der Atem stockt und mein Herz zu klopfen beginnt. Ich kenne diese Umgebung wie meine Westentasche, warum habe ich so ein beklemmendes Gefühl? Obwohl ich in einer geschlossenen Abteilung wohne, kann ich doch einfach hingehen, wohin ich will. Was also bedrückt mich?

Langsam dämmert es mir: Ich fühle mich abgeschnitten von der großen, turbulenten Welt draußen, die ich so sehr liebe. In meinem Zimmer herrscht eine eisige Stille, und die Aussicht ist so leblos, dass ich mich wirklich wie ein Heimbewohner fühle. Obwohl es genau das ist, was ich wollte, hatte ich keine Ahnung, dass die Auswirkungen so heftig sein würden. »Okay, Teun, reiß dich zusammen«, flüstere ich mir zu und drücke auf den Knopf der Espressomaschine, die ich mir in weiser Voraussicht mitgebracht habe.

Dass mich meine neue Rolle als Heimbewohner so erschreckt, sorgt dafür, dass ich die Augen in den kommenden Tagen besonders offen halte. Angst ist gut, denke ich, denn wenn man Angst hat, fragt man sich sofort, warum. Und diese Frage ist wichtig, wenn man etwas verändern will. Kennt man den Grund für ein scheußliches Gefühl, kann man vielleicht dafür sorgen, dass es in Zukunft gar nicht mehr oder selten auftritt. Mit dem *big why* im Gepäck betrachte ich meinen neuen Wohnort plötzlich als ein Spielfeld voller Fragen. Warum muss ein Pflegeheim wie eine Anstalt aussehen? Warum müssen die Flure so steril sein? Und warum leben alle im gleichen Rhythmus? Kurz gesagt: Warum sieht mein neues Zuhause so aus, wie es aussieht, und warum tun wir die Dinge so, wie wir sie »immer« tun?

DAS HEIM

Viele Pflegeheime sehen so aus, als wären sie aus Legosteinen gebaut. Alles ist so rechtwinklig und gradlinig, dass man eigentlich schon 0:3 im Rückstand liegt, bevor man das Heim betritt. Aber warum ist das so? Wahrscheinlich vor allem, um die Wohneinheiten so effizient wie möglich einrichten zu können, denn das Design ist eindeutig nicht darauf ausgelegt, eine wohnliche Atmosphäre zu schaffen.

Leider ist mein neues Zuhause da keine Ausnahme. Von der stark befahrenen Ringstraße von Utrecht biegt man direkt auf einen großen umzäunten Parkplatz, auf dem ein riesiges Steingebäude steht. Die Steine haben eine helle Farbe und werden gelegentlich von einem horizontalen Band aus grauen Steinen unterbrochen, ein typisches Muster für eine solche Einrichtung. Ich will damit nicht sagen, dass man nun alle Pflegeheime von Rem Koolhaas entwerfen lassen sollte. Nein, ich frage nur: Warum? Warum muss ein Pflegeheim, das für viele ein Heim sein will, von außen so abstoßend auf Menschen wirken? Das kann und muss doch anders möglich sein!

Ich bin absolut kein Architekt, aber meiner Meinung nach entsteht ein warmer und gemütlicher Ort dadurch, dass man Leben in das Gebäude und sein Umfeld bringt. Das kann mit angenehmen Baumaterialien, mit ein paar Pflanzen oder mit ein wenig Farbe geschehen. Im Grunde genauso, wie man es auch zu Hause machen würde. Wenn das Äußere eines Gebäudes eine freundliche Ausstrahlung hat, betritt man es schon ganz anders. Niemand geht freudig in eine kühl wirkende Einrichtung hinein, schon gar nicht, um dort einen geliebten Menschen oder ein Familienmitglied zu besuchen.

Ein zweiter Punkt ist der Standort. Wie viele wissen, lautet die goldene Regel in der Immobilienwelt: Lage, Lage, Lage. Mit anderen Worten: Der Standort ist entscheidend. Jeder weiß, dass ein Haus im Zentrum, in der Nähe des Amsterdamer Vondelparks, begehrter ist als ein Haus, das keinen Kilometer entfernt am Autobahnring in den Hochhausvierteln in Nieuw-West liegt. Wie kommt es, dass diese goldene Regel beim Bau von Pflegeheimen meist völlig außer Acht gelassen wird? Die Antwort ist einfach: Das liebe Geld entscheidet. Der Quadratmeterpreis ist an einem sehr begehrten Standort einfach nicht bezahlbar. Es besteht auch absolut keine Notwendigkeit, ein Pflegeheim mitten ins Zentrum von Amsterdam zu platzieren, doch ich frage mich, warum bei vielen Pflegeheimen so gar nicht auf die Umgebung geachtet wird. Man sollte doch meinen, dass für Menschen, die den ganzen Tag drinnen verbringen und nur hin und wieder nach draußen gehen dürfen, ein inspirierender Ort von unschätzbarem Wert ist. Wer schaut schon gerne den ganzen Tag auf eine Brandmauer oder einen gepflasterten Hof mit Metallzaun? Wenn man nirgendwo hinkann, würde man doch einen Mord begehen für ein paar schöne Bäume, eine angenehme Aussicht oder einen hübschen Blick auf die Stadt.

Sollten wir also alle bestehenden Pflegeheime abreißen? Nein, das meine ich nun auch wieder nicht. Wir könnten aber schauen, wie man das Umfeld verbessern und sie vor allem in ihre Umgebung integrieren kann. Das würde am meisten bringen. Wir sollten die großen Zäune entfernen. Sie lassen an geschlossene Einrichtungen denken, zu denen Außenstehende keinen Zutritt haben. Wir sollten dafür sorgen, dass die Nachbarn im Viertel auf ihrem Weg zum Supermarkt oder zur Schule an den Fenstern des Pflegeheims vorbeigehen können. Wir sollten im Hof einen Spielplatz für die Kinder aus der Nachbarschaft, einen Bolzplatz für Jugendliche, ein nettes Café für Hipster und Ältere und meinetwegen sogar einen Coffeeshop ansiedeln. Nur wenn das Pflegeheim ein Teil der Umgebung ist und dazugehört, werden die Nachbarn begreifen, dass das große Gebäude neben ihrem eigenen Zuhause ein Heim für Menschen ist, die auch gern mal zur Begrüßung winken und lächeln, wenn sie Kinder vorbeilaufen sehen. Nur so bekommen sie hin und wieder das Gefühl, noch Teil einer Gemeinschaft zu sein. Alles, was man versteckt, wird fremd, also sollten wir damit aufhören, die Heimbewohner zu verstecken. Wir sollten damit beginnen, die Pflegeheime zu öffnen.

Die Station, auf der ich wohne, hat die bekannte Aufteilung einer Wohnung für eine große Familie: einen Aufenthaltsraum mit einer Küche, in der jeden Tag frisch gekocht wird, zwei Gemeinschaftsbäder mit Toiletten und ein eigenes Schlafzimmer für jede Bewohnerin und jeden Bewohner. In den Niederlanden gab es lange Zeit Mehrbettzimmer, aber in den letzten Jahren ist man mehr und mehr zu Einzelzimmern übergegangen. Was im Einklang mit unserer westlichen Kultur steht, in der das Bedürfnis nach Privatsphäre erheblich gestiegen ist. Man kann sich fragen, ob dieser Trend zum Glück der Bewohner beiträgt, denn ein Mehrbettzimmer kann manchmal gerade das Gefühl von Sicherheit und Geborgenheit vermitteln. Vielleicht liegt die Antwort in dem derzeit populärsten Pflegeslogan: Maßgeschneiderte Pflege.

Wie bereits erwähnt, mag ich ein gemütliches, farbenfrohes Zimmer, und so frage ich die Stationsleiterin, ob ich meine schweren hellbraunen Blumenvorhänge ersetzen dürfe. »Du willst deine Vorhänge austauschen?« Diese Frage wurde offensichtlich noch nie gestellt, und prompt kommt die Gegenfrage: »Warum?«

»Na ja«, antworte ich, »ich bin zwar ein großer Fan des Retrolooks, aber das ist doch ein bisschen viel des Guten. Und …« Ich wähle meine Worte mit Bedacht, um nicht gleich zu Beginn meines Aufenthalts böse Blicke zu ernten. »… vielleicht ein bisschen zu … pflegeheimmäßig?«

Eine Antwort muss sie mir im Moment schuldig bleiben, aber glücklicherweise gibt der Facility Manager schnell eine definitive Antwort: Es ist erlaubt. In Gedanken bin ich schon im Einrichtungshaus, doch bevor ich tatsächlich dorthin kann, erreicht mich eine zweite Nachricht: »Es gibt noch einige Bedingungen: Der Brandschutz muss berücksichtigt werden, und der Stoff muss von einem bestimmten Lieferanten bezogen werden.« Also wird es wohl doch kein farbenfroher Vorhang für mich.

Bei dem Stammlieferanten, mit dem ein Vertrag geschlossen wurde, bitte ich um ein Angebot für den fröhlichsten Stoff, den ich finden kann: einen mit orange-gelber Waffelstruktur.

Nach zwei Wochen erhalte ich einen Kostenvoranschlag über nicht weniger als zwölfhundert Euro. Ich weiß, dass Vorhänge teuer sind, aber zwölfhundert Euro für gerade mal vier Meter? In meinen Augen steht klipp und klar fest, dass das Monopol dieses *bevorzugten Lieferanten* nicht nur zu langen Wartezeiten, sondern auch zu völlig überhöhten Preisen führt.

Noch am selben Tag schicke ich eine freundliche E-Mail zurück, in der ich darauf hinweise, dass mein Studienkredit solche Ausgaben leider nicht ermöglicht. Mit Dank, gezeichnet Teun Toebes, Wohnung 2, Zimmer 3. Ich verstehe zwar, dass die Einrichtung die aktuellsten Sicherheitsanforderungen erfüllen muss, aber ich frage mich doch, zu welchem Preis. Denn der Zwang zur Uniformität geht wieder einmal auf Kosten von Behaglichkeit und individueller Entscheidungsfreiheit.

Bei genauerer Betrachtung stelle ich fest, dass das Thema Sicherheit viel mehr umfasst als nur die Vorhänge, die mich darauf aufmerksam gemacht haben.

Fast jedes Heim hat Regeln. Ein Pflegeheim macht da keine Ausnahme, aber hier gibt es eine sehr spezielle Form von Regeln. Vom allerersten Pflegeheim, in dem ich gearbeitet habe, bis zu dem, in dem ich gegenwärtig wohne, habe ich dabei immer einen gemeinsamen Nenner erkannt: Alles ist komplett auf Sicherheit ausgerichtet. Warum? Was ist der Grund dafür, dass die Sicherheit alle Aspekte des Lebens in einem Pflegeheim bestimmt? Und was vielleicht noch wichtiger ist, welche Konsequenzen hat das?

Für ein Pflegeheim ganz typisch – und vielleicht auch ein bisschen berüchtigt – sind die langen weißen Flure mit hölzernen Handläufen an den Wänden. Auf den ersten Blick sieht es so aus, als liefe man durch einen Krankenhausflur, was eigentlich vor allem an der sterilen Farbe und Ausstattung liegt. Die Handläufe haben durchaus ihre Berechtigung, denn die Bewohner sollen sich möglichst aktiv verhalten; wenn sie nicht gut zu Fuß sind, aber mithilfe des Handlaufs noch gehen können, ist das prima. Und wenn sie auch dazu nicht mehr in der Lage sind, kann man sich am Handlauf mit dem Rollstuhl vorwärtsziehen.

Mir liegt daran, klarzustellen, dass ich diese Art organisierter Sicherheit wirklich befürworte, denn nichts wäre einfacher, als das Bemühen um eine bessere Pflege mit der Aussage zu verwerfen: »Teun schert sich nicht um die Sicherheit der Bewohner eines Heims.«

Ich hoffe zwar, dass man mich inzwischen besser kennt, doch wenn ich über heikle Themen wie dieses schreibe, merke ich, wie der Widerstand aus der Pflege in mein Schreiben einfließt, und ich habe das Gefühl, mich verteidigen zu müssen. Aber es hilft nichts. Wenn man die Menschen, die hier leben, wirklich liebt und sich aufrichtig wünscht, dass sie ein möglichst glückliches Leben führen, muss man die Warum-Frage stellen. Im Pflegeheim fühle ich jede Minute des Tages, wie sehr das Leben von Sicherheitsbedenken beherrscht wird. Das vermittelt nicht nur mir das Gefühl, gefangen zu sein. Wir, die wir hier leben, können nicht wir selbst sein – und das in der (für die Menschen mit Demenz) letzten Lebensphase.

Dass die Pflege in niederländischen Heimen zu den besten der Welt zählt, bedeutet nicht, dass es keinen Raum für Verbesserungen gäbe. Manchmal habe ich das Gefühl, dass wir in unserer *Versorgung*smentalität zu weit gegangen sind, ohne kritisch darüber nachzudenken, wie wir am besten für die Menschen *sorgen* können. Es macht mich traurig zu sehen, dass wir uns in der Pflege im Heim sehr weit vom normalen Leben entfernt haben. Oft geht es nur um kleine Dinge, aber gerade die alltäglichen Erfahrungen sind es, die den Unterschied zwischen einem Haus und einem Zuhause ausmachen. Warum haben wir kein warmes atmosphärisches Licht im Gemeinschaftsraum? Würde man das Licht um die Hälfte runterdimmen, wäre es immer noch heller als bei Hinz und Kunz zu Hause, und wir könnten unsere Füße oder irgendwelche Hindernisse gut erkennen. Und warum wird die Tür zum »Lüften« nur bei perfekter Außentemperatur aufgeschlossen? Wir sind doch keine Gewächshauspflanzen. Wir wären doch einfach nur froh, Sonne und Wind zu spüren. »Ein paar Regenspritzer werden uns schon nicht umbringen«, höre ich Tineke auf der Couch in unserem Gemeinschaftsraum sagen.

Warum müssen alle Lebensmittel den strengen HACCP-Regeln genügen? Pflegemitarbeiter sind nicht dumm, verschimmeltes Schweinefleisch würden sie sicherlich nicht servieren. Wenn Lebensmittel, die diesen Sicherheitsvorgaben nicht entsprechen, wirklich ein so großes Risiko darstellten, dann wüsste ich gern, wie viele Menschen in den Niederlanden wohl zu Hause daran sterben. Und warum dürfen wir keine echten Haustiere haben, obwohl doch fast alle glücklich wären? Warum muss alles so steril und antiallergen sein, dass die Menschen hier mit »Roboterhunden« sprechen müssen? Warum muss plötzlich alles anders sein, obwohl es vorher ein ganzes Leben lang überhaupt kein Problem war? Nur weil bei einem Menschen Demenz diagnostiziert wurde?

Es ist wirklich nicht so, dass nur mir allein das auffällt, weil ich noch jung bin; meine Mitbewohner sind ja auch nicht von gestern.

Als Leny mit Tineke einmal zum Kaffee kommt, sagt sie erstaunt: »Deine Palme ist schon so groß geworden, Teun.«

»Er hat einfach alles«, seufzt Tineke.

Ein solches Lebenszeichen fällt Leny sofort auf, was nicht verwunderlich ist, denn anders als in den übrigen Zimmern des Pflegeheims gibt es in meinem Zimmer echte Pflanzen. Obwohl es genug ungiftige Pflanzensorten gibt, ist wegen Sicherheitsbedenken irgendwann die Entscheidung getroffen worden, nur künstliche Pflanzen zuzulassen. Und ich denke gleich: Warum? Als würden Menschen mit Demenz den ganzen Tag lang Pflanzen essen. Ein einziges Mal in meinem Leben habe ich eine Mitbewohnerin mit einem Stück Pflanze im Mund herumlaufen sehen. Es handelte sich um ein Stück künstlicher Pflanze, aus dem ein Metalldraht herausragte. Was also ist wohl gefährlicher …?

Sich ausschließlich an Sicherheit und Risikovermeidung zu orientieren, verdrängt meines Erachtens das normale natürliche Leben und schränkt die Freiheit der Menschen mit Demenz und letztlich auch aller mit ihnen verbundenen Personen wie Familienangehörigen und Pflegekräften erheblich ein.

Ich finde, gute Pflege setzt voraus, dass man sich in die Perspektive der anderen Person, in diesem Fall also der Menschen mit Demenz, hineinversetzt. Wie du und ich sind sie Wesen mit Wünschen und Sehnsüchten, und wie wir alle können sie sich über einen unverhofften Moment sehr freuen. Über einen Gang zum Supermarkt, über einen leckeren Apfel, den sie mit Blick auf den Kanal essen, oder über eine spontane Tasse Tee auf dem Zimmer. Meine Mitbewohner können das so genießen, aber solche Momente sind wirklich die Ausnahmen von der Regel, oder besser gesagt, von der langen Reihe von Regeln.

In meinen Augen sollten wir eine Pflege anstreben, bei der nicht die Sicherheit, sondern das Glück der Gepflegten im Vordergrund steht – ja, mit allen akzeptablen Risiken, die das mit sich bringt. Das Gefühl, lebendig zu sein, sollte immer Vorrang haben vor dem »was wäre, wenn«. Das mag hart klingen, aber auch das Leben in einem Pflegeheim ist sehr hart. Nicht so sehr für mich, denn, so unangenehm das Gefühl des Eingeschlossenseins auch ist, ich weiß ja, dass ich jederzeit gehen kann. Aber das gilt nicht für meine Mitbewohnerinnen Tineke und Muriel, die genau das gleiche Gefühl haben. Schon allein ihnen bin ich es schuldig, das aufzuschreiben. Eigentlich haben es Häftlinge in Justizvollzugsanstalten in mancher Hinsicht noch besser als meine Mitbewohner. Denn während diese manchmal tage- oder wochenlang nicht nach draußen kommen, ist das für reguläre Inhaftierte undenkbar. Es ist sogar gesetzlich vorgeschrieben, dass ein Häftling täglich mindestens eine Stunde unter entsprechender Aufsicht an die frische Luft darf.[8] Wie in aller Welt kann man als Politiker erklären, dass die vulnerabelsten Menschen in unserer Gesellschaft weniger Rechte haben als verurteilte Kriminelle? Das bestätigt nochmals, wie hart die Realität in einem Pflegeheim ist, und macht deutlich, wie wenig wir als Gesellschaft Menschen mit Demenz wertschätzen.

Man muss nur seine Zimmertür öffnen, um zu hören, was für gravierende Unterschiede zwischen Menschen gemacht werden, auf eine Art, die außerhalb dieser Mauern undenkbar ist. »Die Toilette für Sie ist die erste Tür im Flur rechts«, wird zu den Bewohnern gesagt. Für Angehörige und Gäste heißt es: »Sie können die Toilette in der Mitte des Flurs auf der linken Seite benutzen.« Die dritte Kategorie sind die Pflegekräfte, sie haben eine eigene Toilette mit einem Schlüssel.

Meine Mitbewohner haben mich mehrfach gefragt, warum das so ist. »Finden sie uns schmutzig, Teun?«, will Muriel wissen.

Weil ich über das Haus, das mir seine Türen geöffnet hat, nichts Abfälliges sagen will, antworte ich: »Ich glaube, für viele Leute ist unsere Toilette ein bisschen abschreckend, Muriel, denn sie sieht nicht wirklich so aus wie die zu Hause, außer dass in der Mitte auch ein Klo steht.«

»Da haben die Leute recht«, antwortet sie, »es ist ein schrecklicher Ort, um sein Geschäft zu verrichten.«

Wenn wir als Pflegemitarbeiter die Menschen, die hier leben, wirklich kennenlernen wollen, dann sollten wir uns um Gleichrangigkeit bemühen, und zwar bis in jeden Winkel des Pflegeheimsystems. Jeder müsste einmal erleben, wie es ist, eine Toilette zu benutzen, in der ihm der Geruch von Inkontinenzmaterial aus Beuteln entgegenweht, die nur einen Meter entfernt in Wagen vor sich hin gammeln. Ekelhaft? Ja, wirklich ekelhaft, aber das ist die Realität in Pflegeheimen. Ich bin sicher, wenn alle, auch das Pflegepersonal und die Verwaltungsmitarbeiter dieselbe Toilette benutzen würden, hätte sich das Lagern dieser stinkenden Säcke dort schnell erledigt. Heutzutage sollte niemand in den Momenten, die vom Rest der Bevölkerung zu den entspanntesten am Tag gezählt werden, zwischen menschlichen Exkrementen sitzen.

Ehrlicherweise muss ich mir an die eigene Nase fassen: Während meines Praktikums und später bei der Arbeit als Pfleger habe ich es genauso gemacht, »weil das bei uns eben so üblich ist«. Ich warf das Inkontinenzmaterial in den Wagen und schloss die Tür hinter mir, um danach selbst auf eine nach Blumen duftende Toilette zu gehen. Das zeigt, wie einfach es für einen jungen, frisch ausgebildeten und hoch motivierten Pfleger ist, sofort in das Denken des Systems hineingezogen zu werden, ohne sich auch nur ein einziges Mal zu fragen, warum die Dinge so laufen, wie sie laufen. Es ist ja nicht so, dass ich keine Geruchsorgane hatte oder nicht wusste, dass es zu einem Gefühl der Ausgrenzung führen kann, wenn man Unterschiede zwischen Menschen macht, aber während meiner Pflegeausbildung stellte sich die Frage nach dem Warum einfach nie.

In den vier Jahren hatte ich nur einen halben Tag Unterricht zum Thema Demenz. Und das angesichts der Tatsache, dass jeder Mensch früher oder später mit Demenz zu tun haben wird. Ich finde das unbegreiflich. Es erweckt den Anschein, als hinkten wir in der Ausbildung der Entwicklung hinterher.

Auch über die Humanisierung der Pflege oder darüber, wie sie sich idealerweise in die Praxis umsetzen ließe, wurde während meiner Ausbildung nicht gesprochen. Man sollte doch meinen, dass dieses Thema in der Ausbildung im Gesundheitswesen wirklich nicht fehlen kann oder darf. Das Fehlen des menschlichen Bindeglieds und Ansatzes bedeutet, dass ich eigentlich nur dafür ausgebildet worden bin, Menschen zu versorgen, und nicht dafür, für sie zu *sorgen,* eine Erkenntnis, die mir mit jedem Wort, das ich schreibe, schmerzhafter und deutlicher vor Augen geführt wird. Wenn man schon in der Ausbildungsphase die menschliche Dimension vergisst, wie soll man dann in der Praxis etwas ändern, dort, wo Menschen arbeiten, denen allesamt die gleiche »Wahrheit« vermittelt wurde? Man kann ihnen nicht wirklich verübeln, dass sie sich gegen jeden zur Wehr setzen, der die Dinge anders sieht. Ist es nicht nur logisch, dass ich ihnen als junger Pflegeheimbewohner, der unangenehme Fragen stellt, wie eine Laus im Pelz vorkomme?

Es ist wirklich so, und ich meine es ganz ernst gegenüber den geschätzten Pflegekräften im Haus, in dem ich wohne: Ich verstehe, dass ich es euch nicht immer leicht mache. Ich verstehe, dass ihr mich manchmal nervig oder besserwisserisch findet, aber ich kann nicht anders. Ich kann nicht sehen und fühlen, wo der Schuh drückt, ohne das anzusprechen. Denn wenn ich einer Gruppe von Menschen vertraue, dann euch. Und zwar aus tiefstem Herzen. Ich möchte, dass unsere Zukunft besser wird. Den Umgang mit Menschen mit Demenz zu verändern, bedeutet nicht mehr Arbeit, sondern einfach eine andere Sichtweise … Hat man das einmal erkannt, tauscht man Routine und Plackerei gegen zusätzliche Freude an der Arbeit ein. Ich verspreche euch, dass ich alles in meiner Macht Stehende tun werde, um die eingefahrenen Muster von Dokumentation und

Kontrolle zu durchbrechen, denn sie gehen auf Kosten des Glücks der Menschen, die eigentlich im Mittelpunkt stehen sollten: auf Kosten des Glücks der Menschen, die mit Demenz in einem Heim leben, und der Pflegekräfte, die dort ihren Beruf ausüben. Nur wenn sich in diesem Bereich etwas ändert, kann ein Pflegeheim ein Zuhause werden.

III

SICHERHEIT ÜBER ALLES

REALITÄTSCHECK

»Hallooo, hallooo?«

Ich schrecke aus dem Schlaf hoch, schaue mich verwirrt um, angle meine Brille unter dem Kopfkissen hervor, springe aus dem Bett, und ehe ich mich versehe, stehe ich in Unterhose mitten auf dem Flur des Pflegeheims. Mist, ich habe vergessen, dass ich in meinem neuen Zuhause bin! Und dann höre ich wieder die Stimme von jemandem, der in Not ist. »Hallo?!« Sie kommt aus dem Zimmer gegenüber. Das kann niemand anderes als Tineke sein, denke ich und gehe hinein. Zitternd vor Angst steht sie wackelig auf ihren Beinen, wobei sie sich am Waschbecken festhält. Ein Blick in ihre Augen verrät mir, dass sie völlig durcheinander ist.

»Tineke, ich bin's, Teun … der Nachbar von gegenüber«, sage ich leise.

»Ahhh …«, klingt es schon etwas ruhiger.

Ich nehme ihre Hand und streichle sie sanft. »Es ist alles in Ordnung, Tineke. Ich bin hier, ich bin für dich da.«

»H-huh …?«, stammelt sie und schaut mich mit großen Augen und fragendem Blick an. »Wo bin ich?«

»Du bist in deinem Zimmer, liebe Tineke, und alles ist gut. Wir haben hier beide ein Zimmer.«

Es folgt ein tiefer Seufzer der Erleichterung, woraufhin sie ganz fest meine Hand drückt. »Oh, Gott sei Dank, mein Junge …« Aber sie hat eindeutig immer noch mit irgendetwas zu kämpfen. »Meinen Vater haben sie vom Leidseplein abtransportiert, und ich konnte nur zusehen. Ich war doch ein kleines Mädchen, die Deutschen haben ihn mitgenommen …« Die Panik scheint einer tiefen Ungläubigkeit gewichen zu sein, die ich in den Wochen zuvor bei ihr noch nicht gesehen habe.

»Es ist wirklich kein Krieg mehr, du bist hier in Utrecht sicher, neben mir. Ich versteh dich.«

Es folgt ein ungläubiger Blick und kurz darauf ein Gähnen der Entspannung. »Wir haben schon unseren Schlafanzug an, wolltest du auch gerade schlafen gehen?«

Tineke hatte mir vor zwei Tagen erzählt, dass der größte Teil ihrer Familie im Zweiten Weltkrieg deportiert worden war. »Sie sind alle vergast worden … Die Deutschen hatten nie vor, sie zurückkehren zu lassen.«

Diese schreckliche Erfahrung in ihrer Kindheit hatte verheerende Auswirkungen auf das lange Leben, das noch folgte. Sie ist traumatisiert und kann anderen nur schwer vertrauen. Wenn man dann auch noch Demenz bekommt, sollte man doch wenigstens hoffen können, dass einem ein sanftes Ende vergönnt ist und man den ganzen Kummer vergisst. Doch leider ist das Gegenteil der Fall: Der Verlust ihres Vaters steht Tineke nun hin und wieder lebendiger vor Augen als je zuvor. Das liegt daran, dass sie wegen ihrer Demenz manchmal die Realität nicht von dem Erleben ihrer Erinnerungen unterscheiden kann, sodass sie gewissermaßen »live« in ihr Trauma zurückversetzt wird. Etwas, das man wirklich niemandem wünscht, am allerwenigsten Tineke.

Sie legt sich ins Bett. Ich merke, dass meine Berührung entspannend wirkt, deshalb streiche ich ihr weiter sanft über die Hand. Nach einer halben Stunde ist sie friedlich eingeschlafen. Ich gebe ihr einen Kuss auf die Hand – »Bis morgen, Tien« –, reibe mir kräftig die Augen und sehe auf ihrer alten Uhr, dass es halb vier am Morgen ist. Prima, dann kann ich noch mal kurz ins Bett gehen, bevor die ersten Mitbewohner am Frühstückstisch erscheinen.

Diesen Moment mitten in der Nacht werde ich nie vergessen, weniger weil ich danach noch lange vom Bett aus die Paneele meiner Zimmerdecke anstarre, sondern weil ich zum ersten Mal das Gefühl habe, nicht nur auf Besuch zu sein, sondern zu dieser besonderen Welt dazuzugehören.

Obwohl solche einschneidenden Momente großen Eindruck bei mir hinterlassen, habe ich doch eher das Gefühl, in einem überalterten Studentenheim zu wohnen, oder wie ich es selbst einmal auf einer Party mit Freunden scherzhaft genannt habe: im »House VSOP«, was für *Very Superior Old People* steht. Bei Cognac wird die gleiche Bezeichnung verwendet, um darauf hinzuweisen, dass er durch Reifung eine hohe Qualität erreicht hat, auch wenn das P dort für *pale* (blass) steht. Ich fand diesen Spitznamen nicht nur witzig; er passt auch tatsächlich gut zu meiner Station und der Hausgemeinschaft, die zum Ausgleich für ihre Stigmatisierung etwas Positives gebrauchen kann.

Denn auf der erwähnten Party flogen mir die Komplimente nicht gerade um die Ohren, als es um meine Wohnsituation ging: »Du bist wirklich total verrückt, Tür an Tür mit diesen Oldies zu wohnen«, »Was hat das überhaupt für einen Sinn, irgendwo zu wohnen, wo dich jeder jeden Tag vergisst?«, »Erschießt mich lieber, wenn ich in so eine Einrichtung muss! Ich will in keine Zwangsjacke gesteckt werden oder Scheiße an die Wand schmieren.« Und so ging es noch eine Weile weiter … Viele meiner Freunde und Bekannten haben nicht die geringste Vorstellung davon, wie eine geschlossene Station aussieht oder was ein Leben mit Demenz bedeutet. Die Medien verbreiten oft nur die Exzesse in der Welt, und dem wird eigentlich nie ein realistisches Bild gegenübergestellt, weil so wenige Menschen etwas über die Versorgung im Pflegeheim wissen.

Zum größten Teil kursieren völlig falsche Vorstellungen: Man wird oder ist nicht verrückt, wenn man Demenz hat. Wohl kann man beispielsweise Dinge vergessen und die Tagesstruktur aus dem Blick verlieren, auch der Charakter kann sich verändern. Es ist aber zum Glück schon lange nicht mehr so, dass alle Menschen mit Demenz in Zwangsjacken gesteckt werden. Ganz sicher ist es sinnvoll, Zeit mit Menschen zu verbringen, die immer vergesslicher oder verwirrter werden, denn sie haben ein Bedürfnis nach menschlichem Kontakt und Freundschaft. Genau deshalb habe ich den Entschluss gefasst, hier einzuziehen.

Zu den wenigen Stereotypen, die wirklich zutreffen, gehört, dass eine Person mit Demenz irgendwann vergessen kann, wie man mit Besteck isst oder wie man die Toilette benutzt. Und wenn man das nicht mehr weiß, kann es sein, dass man auch nicht mehr versteht, was Stuhlgang ist oder wie damit umzugehen ist. »Ist das witzig?«, fragte ich meine Freunde. Da war es mäuschenstill. »Wie froh ist man dann, wenn ein Freund, ein Familienmitglied oder ein Pfleger einen nicht auslacht oder schmutzig ins Bett steckt, sondern einen liebevoll behandelt, einen wäscht, das Zimmer sauber macht und einen in frischen Kleidern wieder nach draußen schickt?«

Und ja, wenn man das liest, möchte man vielleicht immer noch lieber tot sein, als sich in einer solchen Situation zu befinden, aber das ist leicht gesagt. Schließlich gerät man nicht urplötzlich in einen solchen Zustand, falls es überhaupt dazu kommt, denn meiner Erfahrung nach sind diese Erscheinungsformen der Demenz eher die Ausnahme als die Regel. Und selbst im sehr fortgeschrittenen Stadium wollen Menschen mit Demenz und ihre Angehörigen offensichtlich nicht einfach den Stecker ziehen. Daher sollte man nicht bei jeder passenden und unpassenden Gelegenheit herumposaunen, dass ein Leben mit Demenz angeblich nicht lebenswert ist, denn das kann Menschen wirklich verletzen.

Ich merke, wie wütend mich das macht. Tatsache ist und bleibt, dass man, egal wie laut man herumkrakeelt oder urteilt, irgendwann direkt oder indirekt mit Demenz zu tun haben wird. Demenz kennt nämlich kein Geschlecht, keine Hautfarbe und kein Alter. Statt große Töne zu spucken, Witze zu machen und Urteile zu fällen, sollte man lieber mal Fragen stellen, hinschauen und zuhören. Denn die Wahrscheinlichkeit, an Demenz zu erkranken, liegt bei eins zu fünf. Solche Zahlen zwingen uns, über das Leben mit Demenz nachzudenken, bevor es so weit ist. Mein Rat: Fangen Sie jetzt damit an, egal wie alt Sie sind. Wie würden Sie gerne behandelt werden? Jetzt können Sie noch mitentscheiden, wie das aussehen soll, später, wenn Sie an Demenz erkrankt sind, nicht mehr.

Auch wenn solche großen Fragen oft aufkommen, mache ich mir jeden Tag Gedanken über kleinere Dinge, zum Beispiel über mein neues Duschritual. Es ist mir immer noch etwas unangenehm, im Bademantel über den Gang zur Dusche zu gehen, aber eher in Hinsicht auf die Pflegekräfte als auf meine Mitbewohner. Ich fühle mich recht wohl in meinem einundzwanzig Jahre alten Körper, und wenn ich in den Spiegel schaue, bin ich überhaupt nicht unzufrieden. Eitel? Ein bisschen schon, auch wenn ich mich absolut nicht für ein Gottesgeschenk halte. Ich finde, dass sich bei mir alles ganz gut im Gleichgewicht hält; so etwa kompensiert die üppige Lockenpracht meine schmale Statur. Außerdem bin ich etwas modischem Flair nicht abgeneigt. Also läuft dieser taufrische Pflegeheimbewohner mit Rollkragenpullover, schwarzen Designerschuhen und übergroßer Retrobrille ziemlich hip durch die Flure. Ich halte mich selbst für ziemlich männlich, aber die Damen im Haus waren sich da anfangs nicht so sicher, wie mir klar wurde, als ich an einigen von ihnen vorbeiging. »Sie hat echt schöne Locken«, sagte Leny zu ihrer Nachbarin. »Ja, sie ist so eine liebe Frau«, fügte Eugenie hinzu. Nun, das kann schon vorkommen …

Vor dem Gang zur Dusche bin ich oft schon einen halben Tag auf den Beinen, denn ich war schon immer ein früher Vogel, daran hat sich auch hier nichts geändert. Zudem bin ich ein Workaholic. Nichts macht mich glücklicher als ein voller Terminkalender, andernfalls habe ich das Gefühl, meine Zeit zu vergeuden. Ich weiß, das klingt so, als könnte man mich mit allen möglichen Etiketten versehen, aber ich bin gesund und glücklich, also tun Sie sich keinen Zwang an …

Als Bauernsohn aus Brabant liebe ich außerdem die Natur. Seit Kurzem gibt es für mich nichts Schöneres, als am Kanal entlang bei Sonnenaufgang zu joggen und dabei die Nase in den Wind zu halten, herrlich. Wenn ich zurückkomme und den Code am Eingang zu meiner Station eingegeben habe, schaue ich schnell nach, ob schon jemand wach ist, um ein Schwätzchen zu halten, dann verschwinde ich in meinem Zimmer, um die eingegangenen Nachrichten zu checken, während ich eine schöne Tasse Kaffee aus meiner eigenen Espressomaschine genieße. Warum ich darauf so großen Wert lege? Nun, erstens, weil der Kaffee aus dem Pflegeheim oft wie das Wasser aus dem Kanal schmeckt, an dem ich kurz zuvor entlanggelaufen bin, und zweitens, weil es ein kleiner Glücksmoment ist. In einer Wohnform wie dieser hat man nicht viel Raum für sich selbst. Außerdem kann die Espressomaschine manchmal den etwas penetranten Geruch des Inkontinenzmaterials überdecken, aber vielleicht sollte ich hier nicht zu sehr ins Detail gehen.

Jeden Morgen arbeite ich an meinem antiken Holztisch, der neben meinem Sofa und gegenüber meinem Bett steht. Wenn ich den Laptop hochfahre, finde ich im Durchschnitt etwa fünfzig E-Mails im Posteingang.

Obwohl ich nun Pflegeheimbewohner bin, führe ich auch ein »normales« Leben als Einundzwanzigjähriger. Okay … »normal« ist vielleicht nicht ganz das richtige Wort, aber es hat Ähnlichkeiten damit. Neben meinem Studium der Pflegeethik und -politik habe ich die Stiftung *sTeun und toeverlaat* [Stütze und Halt] gegründet, ein Hobby, das sich zu einer ehrenamtlichen Vollzeitbeschäftigung entwickelt hat. Die Stiftung setzt sich für das Lebensglück von Menschen mit Demenz ein, indem sie ihnen so viele glückliche Momente wie möglich verschafft: Silent-Disco-Partys mit Familie und Freunden in den Pflegeheimen, Ausflüge zu Lieblingsurlaubszielen, Restaurants, den Wohn- oder Arbeitsstätten, in denen sie früher gewohnt oder gearbeitet haben. Wir besuchen auch gemeinsam mit Menschen, die an Demenz leiden, Schulen, um jüngere Menschen dafür zu sensibilisieren. Indem wir sie schon in jungen Jahren mit Demenz in Berührung bringen, hoffen wir, dem vorherrschenden negativen Bild so früh wie möglich entgegenzuwirken. Die Menschen mit Demenz kommen nämlich *selbst* zu Wort, wir sprechen nicht *über* sie.

Außerdem arbeite ich mit Nachdruck daran, meine Botschaft und Mission über die sozialen Medien zu verbreiten, denn gerade meine und die nachfolgenden Generationen werden eine Welt erleben, in der Menschen mit Demenz das alltägliche Straßenbild prägen. Ja, wirklich! In zwanzig Jahren wird sich die Zahl der Demenzkranken verdoppelt haben, und sie wird noch weiter steigen. Der von der Wissenschaft angekündigte »Demenz-Tsunami« wird sich zu einem großen Problem auftürmen, wenn wir so weitermachen wie bisher.

Inzwischen habe ich schon Zehntausende Follower. Offensichtlich gibt es bei den jungen Menschen einen gewissen Informationsbedarf. Demenz so sexy rüberzubringen, dass es für sie zu einem *hot topic* wird, ist natürlich schwierig. Viele denken, dass es sie überhaupt nicht betrifft, was ich sehr gut verstehe. Eigentlich ist es viel normaler, sich nicht damit zu befassen. Aber ob »normal« nun die Norm sein sollte, wenn man den Lauf der Welt verändern will …? Ich glaube nicht.

Meine Mitbewohner sind ohne Internet aufgewachsen, manchmal sogar noch ohne Fernsehen oder Telefon. (Das sind die wirklichen *golden oldies*.) Umso schöner, dass ich als junger, quasi mit einem Smartphone in der Hand geborener Mensch sie eine ganz neue Welt entdecken lassen kann, indem ich ihnen zum Beispiel die lustigsten Posts auf TikTok oder Instagram zeige. Keine Sorge, ich werde kein AngryCat-Konto oder Ähnliches für sie einrichten und sie auch nicht ausbeuten, wie es die Bellingas mit ihren Kindern tun. Nein, ab und zu teile ich nur ein schönes Video mit ihnen, natürlich mit ihrer Zustimmung. Und bevor ich jetzt wütende Fragen dazu bekomme: Auch die gesetzlichen Vertreter sind damit einverstanden. Ich beziehe die Bewohner sowohl offline als auch online in mein Leben ein, und sie finden das f-a-n-t-a-s-t-i-s-c-h! Und warum sollte es ihnen auch nicht gefallen? Fotos waren schon immer beliebt, auch als sie noch schwarz-weiß waren und nicht digital manipuliert werden konnten. Also lache ich regelmäßig mit Ad über die lustigen Geschichten von Bas Smit, führe das neueste Video von Tim Hofman vor und mache mit Muriel TikTok-Tänze nach – ganz zu schweigen vom Wischen auf Tinder. Das ist alles völlig normal, so wie ich es auch mit meinen Mitbewohnern in einem Studentenwohnheim tun würde. Nur habe ich jetzt das Privileg, immer die Person zu sein, die die neuesten *scoops* und Entwicklungen kennt.

Wir sind wirklich begeistert von diesen neuen Dingen oder neuen Welten. Oder wie Muriel immer sagt: »Wenn du wieder mal ein Video mit mir machen willst, weißt du, wo du mich findest!« Ist das nicht toll? Es klingt fast verrückt, es immer wieder zu sagen, aber ich hoffe, dass die Kraft der Wiederholung auch hier ihre Wirkung tut. Meine Mitbewohner sind wirklich »normale« Menschen, auch wenn der Arzt bei ihnen eine gewisse Form von Demenz diagnostiziert hat. Diese Diagnose bedeutet nicht, dass ihnen alles abhandengekommen ist, was sie in früheren Jahren genossen haben. Natürlich lieben auch sie es noch, neue Welten zu entdecken. Den Geist und die Sinne anzuregen ist für jeden lebenswichtig, auch für die an Demenz erkrankten Menschen. Oder besser gesagt, vor allem für sie, denn wenn die Umgebung im Pflegeheim fast keine Anreize bietet, die Aussicht monoton ist und die Bewohner untereinander kaum anregende Beziehungen unterhalten, weil sie alle im selben Boot sitzen, was soll sie dann noch motivieren?

Jedes Kind könnte das verstehen, so einfach klingt das. Und so einfach ist es auch! Fragen Sie sich doch einmal selbst: Was würde ich schön finden, wenn ich den ganzen Tag auf der Couch sitzen müsste, oder was wäre für mich wirklich eine schöne Möglichkeit, um die Routine zu durchbrechen? Und dann versuchen Sie es einfach. Tun Sie's! Behandeln Sie Menschen mit Demenz als Gleiche und nicht als erbärmliche Häufchen Menschen, die sich sowieso an nichts erinnern oder sich nichts merken können. Es führt zu besonders schönen, überraschenden oder berührenden Momenten, die nachwirken, vielleicht nicht bis ins letzte Detail, aber das Gefühl bleibt sicherlich erhalten. Menschen mit Demenz wissen vielleicht abends nicht mehr genau, wie der Tag verlaufen ist, aber wenn es lustig oder nett war, macht sich das noch immer an ihrer Stimmung bemerkbar. Schaffen Sie also Momente, die von Bedeutung sind, für Sie und die Menschen, mit denen Sie diese Momente teilen.

Eine weitere Sache, an die ich mich gewöhnen musste, waren die Essenszeiten. Nicht, weil das Essen nicht gut wäre, nein, schließlich wird jeden Tag frisch gekocht, sondern wegen der strikten Regelmäßigkeit; an der Tür meiner Nachbarin kann ich hören, wann es halb sechs und damit Abendessenszeit ist. Was mich anfangs auch sehr überraschte, war die Menge an Essen. Man würde es bei meinem Körperbau nicht vermuten, aber ich kann essen wie ein Scheunendrescher. Als ich mich zum ersten Mal an den Tisch setzte und sah, wie meine Mitbewohner winzige Häppchen von ihrem Brot abbissen, war ich wirklich schockiert. Ich hoffte inständig, dass es noch ein paar zusätzliche Brotscheiben für mich gab, denn sonst wäre wohl schon bald nicht mehr viel von mir übrig. Aber zum Glück gab es jede Menge Nachschub.

Dass die Menschen hier so wenig essen, liegt in erster Linie an ihrem Stoffwechsel, der sich im Alter verlangsamt, sodass man weniger Hunger hat. Eine zweite Ursache ist der Bewegungsmangel. Meine Mitbewohner und viele Bewohner anderer Pflegeheime bewegen sich eigentlich kaum noch, wodurch sie viel weniger Energie benötigen. Das ist an sich noch keine große Katastrophe, könnte man vielleicht meinen, und doch ist es eine besorgniserregende Entwicklung. Denn die Muskelmasse nimmt rasant ab, wenn man sich wenig bewegt. Das führt zu stark eingeschränkter Mobilität, was wiederum häufigere Stürze zur Folge hat. Und ehe man sich versieht, sitzt man im Rollstuhl am Tisch, was nicht der Sinn der Sache ist.

Es gibt eine Art Proteinbombe, um Menschen bei Kräften zu halten, wenn sie ihren Appetit verloren haben: Nutridrink, ein sogenannter medizinischer Diättrunk. Für viele meiner Mitbewohner und für viele Pflegekräfte ist es eine Selbstverständlichkeit, ihn zu sich zu nehmen oder zu verabreichen, aber man kann sich fragen, wie lang ein solches Getränk noch verabreicht werden sollte und wann ein Menschenleben »zu Ende« ist. Eine gewagte Frage, die ich absolut nicht beantworten kann oder will, die ich aber auf jeden Fall zur Diskussion stellen möchte. Sosehr ich auch versuche, das Lebensglück jedes Einzelnen in unserem Heim zu fördern, sehe ich doch, dass einige unserer Mitbewohner am Ende sind. Manchmal leiden sie nicht nur an Demenz (ein Oberbegriff für viele verschiedene Varianten wie Alzheimer, vaskuläre Demenz, frontotemporale Demenz oder Parkinson-Demenz), sondern auch an einer ganzen Reihe anderer Krankheiten. Und ihr Körper scheint in jeder Hinsicht das Ende anzukündigen. Wann ist es dann menschlich zu sagen: Lasst uns die lebensverlängernden oder -erhaltenden Maßnahmen beenden? Und wer trifft diese Entscheidung: der gesetzliche Vertreter oder der Arzt? Der betroffene Mensch hat inzwischen kein Mitspracherecht mehr. Ist das akzeptabel?

Ich finde es sehr schwierig, diese Art von Fragen zu beantworten, auch wegen der Reaktionen, die eine solche Diskussion immer hervorruft, aber ich will doch einen Versuch wagen. Ich denke, dass meine Mitbewohner in vielen, wenn nicht sogar in den meisten Fällen selbst ausdrücken können, ob sie noch irgendeine Form von Glück erleben oder ob ihre schmerzhaften Einschränkungen es ihnen unmöglich machen. Ihr Wunsch könnte dann von dem Facharzt für Geriatrie oder einem anderen diensthabenden Arzt begutachtet werden. Anschließend könnte die menschliche Einschätzung in der Familie erfolgen. Denn Schmerz ist nicht nur etwas Körperliches, woran solche Entscheidungen meistens gemessen werden.

Es gibt Fälle, in denen Menschen mit Demenz wirklich nicht mehr bekunden können, was sie wollen, was dann? Ich beobachte, dass sie, manchmal jahrelang, gefüttert werden, Tag für Tag. Stellen Sie sich einmal vor, Sie wären permanent bettlägerig, könnten sich nicht bewegen, und fast alle sozialen Funktionen Ihres Körpers wären nicht mehr vorhanden. Ihre Augen und Ihre Haut wären Ihre einzige Verbindung zur Außenwelt, aber Ihr Gehirn, Ihr Herz und Ihre Lungen wollten einfach nicht aufhören zu arbeiten. Die Wahrscheinlichkeit, dass niemand versteht, was in Ihnen vorgeht, wäre groß. Was dann? Was würden Sie sich in einer solchen Situation wünschen? Und wozu würden Sie raten, wenn es um jemand anderen ginge? Ich für meinen Teil kenne die Antwort …

Ich selbst bin kein Freund von diesen Nutridrinks, aber ich liebe ein Ei zum Frühstück. Und zwar am liebsten ein weich gekochtes. Als ich bei Tisch einmal gefragt wurde, wie lange ein hart gekochtes Ei braucht, antwortete ich: »Acht bis zehn Minuten, aber weich gekocht schmeckt es viel besser.« Die diensthabende Pflegekraft ließ das Thema gar nicht erst aufkommen und sagte gleich, weich gekochte Eier seien nicht erlaubt. Wie so oft fragte ich: Warum nicht? »Nun, ganz einfach, die Salmonellengefahr ist um ein Vielfaches größer, wenn Eier nicht hart gekocht sind.« »Okay, ich wusste nicht, dass weiche Eier verboten sind«, antwortete ich freundlich, während Tineke mich von der anderen Seite des Tisches ansah. Sie zwinkerte mir zu, als wollte sie sagen: »Alles halb so wild, mein Junge.«

An diesem Tag wurde mir wieder einmal deutlich vor Augen geführt, dass das Wohnen in einem Pflegeheim eine Entscheidung mit weitreichenden Konsequenzen ist, inklusive Verzicht auf ein weich gekochtes Ei am Sonntagmorgen. Es mag nur eine Kleinigkeit sein, aber sie sagt viel über das Denken innerhalb der traditionellen Pflegeheimkultur aus. Darin kann doch nicht der Sinn des Ganzen liegen, dachte ich bei mir, und nahm gehorsam einen Bissen von meinem hart gekochten Ei. Mit dem grüngrauen Rand ums Eigelb.

BESONDERS NORMAL

»Teun, wir haben einen neuen Mitbewohner«, schallt es aus dem Flur, und ehe ich mich versehe, kommt Muriel mit ihrem Rollator in mein Zimmer geschlurft. Wenn jemand guten Tratsch mag, dann sie. Okay, dann schieß mal los …, denn für mich gilt dasselbe.

»Bei uns auf dem Flur ist ein Mann eingezogen«, fährt Muriel fort, »und der heißt Piet. Hast du schon von ihm gehört?« Das habe ich auf jeden Fall, denn Ad, der ein paar Türen weiter wohnt, ist schon seit einiger Zeit mit ihm befreundet. »Weißt du, was mit ihm passiert ist? Roos, du weißt schon, die Frau, die nicht gehen kann und im Rollstuhl sitzt? Nun, die hatte ihre Hausschuhe verloren. Sie haben das halbe Haus danach abgesucht, konnten sie aber nicht finden, bis ihr Sohn in Piets Zimmer schaute. Was glaubst du wohl, was er dort auf dem Boden liegen sah? Genau, die Hausschuhe seiner Mutter! In Piets Zimmer«, sagt Muriel und beginnt laut zu lachen. »Das haben wir natürlich gleich mit den Damen in unserem Aufenthaltsraum besprochen, aber davon war Piet gar nicht begeistert. Als ich im Bad stand, um mir die Hände zu waschen, kam er mit wütendem Gesicht herein: ›Was denkst du dir denn, du machst dich doch nur wichtig.‹ ›Vielen Dank‹, habe ich darauf ganz kühl geantwortet und musste heimlich grinsen, als er wieder wegstapfte. Denn weißt du was, mein kleiner Teun? Wenn die Dinge so klar liegen, braucht man kein Wort mehr darüber zu verlieren.«

Wow, dachte ich, wie gern ich diese Frau doch habe. So schlagfertig, und immer eine kluge Lektion parat, großartig.

»Als Frau muss man Haltung zeigen«, fährt Muriel fort, die, wie gesagt, ziemlich temperamentvoll ist. »Denn manchmal hat man diese Kerle darunter, na … echte kleine Machos, würde ich mal sagen.«

»Und wie siehst du mich?«, frage ich sie, während ich ein Schälchen für die Knoblaucholiven abwasche, einer ihrer Lieblingssnacks, den wir immer zusammen essen.

»Du bist kein Kerl, du bist ein junger Mann.«

Meine Reaktion lässt ziemlich lang auf sich warten.

»Hast du mich gehört?«, fragt sie etwas später. »Männer sind immer hinter Frauen her.« Plötzlich fällt ihr ein, dass ich ja gar nicht auf Frauen, sondern auf Männer stehe. Blitzschnell geht sie dazu über, mich mit einem männlichen Mitarbeiter zu verkuppeln. »Wäre der nicht was für dich?«, fragt sie mit einer gewissen Neugierde.

Kurz darauf senkt sich die Kürklinke. Frau Meijer kommt herein, den Rock bis zum Bund hochgezogen.

»Schau mal, da haben wir unsere Roos«, sagt Muriel.

»Hallo, Roos«, sage ich.

»Hallo, mein Mädchen«, antwortet Roos.

»Mein Mädchen? Als ich heute Morgen unter der Dusche stand, habe ich doch tatsächlich gemerkt, dass ich ein Junge bin«, antworte ich lachend. »Und ich heiße Teun.«

Die Damen kriegen sich vor Lachen gar nicht mehr ein.

»Ist das wirklich wahr?«, sagt Roos. Sie kann es nicht glauben, kommt direkt auf uns zu, sieht mich genau an und nickt dann zögerlich. »Na ja, so aus der Nähe …« Dann betrachtet sie den Tisch hinter mir und beginnt hastig die Tischplatte zu putzen. Nicht, dass es nötig wäre, aber sie leidet unter einem Putzfimmel. Dieses typische Verhalten kann durch die Demenz manchmal noch verstärkt werden. Roos ist dann nicht mehr zu bremsen, aber sie selbst sieht das anders. »Ich habe es einfach gerne sauber«, sagt sie. Noch keine Minute später steht sie auf und geht zu meinem Schrank, sie öffnet den Brotkasten, schaut hinein, findet nichts darin, nimmt meine Kamera aus einem höher gelegenen Regal, stopft sie in den Brotkasten und stellt ihn auf den Tisch. »So, gut, das ist auch wieder aufgeräumt.«

Ich glaube, dass Roos inzwischen schon dreimal alles in meinem Zimmer angefasst und umgeräumt hat, aber es ist so rührend, dass ich es nur genieße. »Prima, Roos, danke«, sage ich, und Muriel sieht mich an, als wäre ich nicht ganz bei Trost. Ihr entgeht nichts in diesem Haus.

»Kommt ihr heute Abend noch?«, fragt Roos. Uns ist zwar nicht ganz klar, wohin, aber wie aus einem Mund sagen wir: »Ja, natürlich.«

»Das fände ich schön«, antwortet Roos und setzt ihren Weg fort.

Muriel ist sichtlich froh, mich wieder für sich zu haben, und rückt ein wenig näher. Auch Eifersucht ist Menschen mit Demenz nicht fremd, vor allem wenn es um die Aufmerksamkeit dieses einen jungen Bewohners am Ende des Flurs geht. »Ich finde dein Zimmer wirklich gemütlich, vor allem weil das Bücherregal es in zwei Teile trennt. Auf der einen Seite kannst du schlafen und auf der anderen wohnen.« Mit raumgreifenden Gesten unterstreicht sie, was sie meint. »Ich hätte auch gerne ein Doppelbett. Derzeit liege ich in einem schmalen Krankenhausbett, das ist nicht besonders schön.« Und dabei hat Muriel noch das Glück, dass ihre Tochter das Bettzeug für sie wäscht. So kann sie sich gemütliche Bezüge aussuchen. Es wirkt wie ein unbedeutendes Detail, aber wenn es darum geht, sich in seinem Zimmer heimisch zu fühlen, kann es einen Riesenunterschied machen.

Für alle, die noch nie in einem Pflegeheim waren, möchte ich kurz beschreiben, wie ein durchschnittliches Zimmer aussieht: Es ist weiß.

Ist das alles? Okay, vielleicht nicht, aber es ist wirklich nicht viel mehr darin zu finden als eine Art Krankenhausbett, ein dazugehöriger Nachttisch, ein Waschbecken, ein Spiegel und ein beiger Linoleumboden. Oh, und weiße Gardinen natürlich sowie schwere Vorhänge mit Blumenmuster. Kurz gesagt: Es ist eine ziemlich klinische Angelegenheit. Ich bin wirklich der Ansicht, wir sollten sehen, ob wir mit Textilien, Materialien und Farben nicht eine etwas heimeligere Atmosphäre erzeugen können. Im Grunde genommen so, wie ich das auch in meinem Zimmer gemacht habe. Man stellt ein paar eigene Möbel hinein, fügt ein paar bunte Accessoires, fröhliche Bettwäsche und eine Pflanze hinzu, und schon hat man eine ganz andere Atmosphäre. Es ist so einfach, und es macht das Wohnen und Leben in einem Pflegeheim wesentlich angenehmer.

Nachdem Muriel und ich ein Stück über den Korridor gegangen sind, geht sie weiter zu Wohnung 1 und ich in den Aufenthaltsraum von Wohnung 2.

Leny sitzt schon am Tisch. »Jeroen, Jeroen«, sagt sie, während sie zu mir hochschaut. Sie scheint verwirrt zu sein. »Ich bin ein bisschen neben der Spur, ich habe alles vergessen«, fährt sie fort. Zeit zu antworten lässt sie mir nicht und fragt gleich weiter: »Ist meine Nase sauber?«

Leny stellt oft die gleichen Fragen, wenn ich sie sehe. »Gefällt dir, was ich anhabe?« ist ein anderes Beispiel. Zum

Glück kann ich das getrost bejahen, denn sie wirkt immer wie aus dem Ei gepellt, so auch heute. Sie ist eine echte Lady mit einer schönen lila Bluse, einer schwarzen Hose und passenden Slippern. Ich könnte von dieser Art von Wiederholungen genervt sein, aber ich merke, dass es ihr sehr wichtig ist, wie sie aussieht. Auch Muriel sieht meistens bildschön aus, vor allem wenn es einen besonderen Anlass gibt. »Menschen mit Demenz bleiben einfach Menschen«, sagt sie manchmal. »Sie achten darauf, was sie anziehen oder wie sie aussehen, und das dürfen wir nicht unterschätzen.«

Das ist ein berechtigter Hinweis. Wir vergessen das manchmal in der Altenpflege. Während sich die ganze Welt trendy kleiden will, um eine gewisse Würde auszustrahlen, scheinen wir diese Würde nicht mehr so wichtig zu finden, wenn jemand hinter einem vierstelligen Code verschwindet. Jogginganzüge, Trainingshosen, zu kleine T-Shirts und verblichene Pullover mit einem Strichcode vom Wäscheservice – das sind nur einige Stücke aus der neuesten Pflegeheimkollektion, die einmal mehr zeigen, wie wir über Menschen mit Demenz denken.

Und auch hier ist die Lösung einfach: Sorgen wir dafür, dass Menschen, die es auf eine geschlossene Station verschlagen hat, zumindest nicht so aussehen, als bräuchten sie niemandem mehr unter die Augen zu kommen. Lassen Sie uns dafür sorgen, dass Menschen, die in einem Pflegeheim leben, frisch, fröhlich, modisch und gepflegt aussehen. Denn auch bei ihnen wirkt sich das auf ihr Selbstwertgefühl und ihre Stimmung aus. Wenn sie selbst lieber in einem Pullover herumlaufen, ist das in Ordnung, aber wir dürfen sie nicht einfach verlottern lassen.

»Sie freut sich immer, wenn man verrückte Sachen

macht«, sagt Leny, während sie auf unsere Mitbewohnerin Ida zeigt, die am Kopfende des Tisches sitzt. »Du musst ihr mal die Zunge rausstrecken.« Leny geht sofort mit gutem Beispiel voran, und tatsächlich macht Ida es ihr nach. Es ist schön zu sehen, dass meine Mitbewohner entdecken, wie sie miteinander in Kontakt treten können. Ich lerne viel von ihnen, vor allem durch Beobachten und Zuhören. Wenn ich mich selbst nur neugierig genug verhalte, kommen sie von selbst mit ihren Geschichten zu mir.

Mittlerweile setzen sich auch andere zu uns an den Tisch, und ich schaue auf die Uhr. Yes, halb eins, Zeit fürs Mittagessen.

Leny fragt sich, wo ihr Getränk bleibt. »Bekomme ich keinen Kaffee?«, fragt sie mich. Die Mitarbeiterin hinter mir sagt, dass sie doch nie Kaffee trinkt, aber diese Information ist für Leny im Moment wenig hilfreich. Es verwirrt sie eher, weil sie sich nicht ernst genommen fühlt, und sie macht es gleich deutlich. »Ich möchte eine Tasse Kaffee«, sagt sie streng. Und sie hat recht, wir müssen ernst nehmen, was die Bewohner sagen. Gerade jetzt ist es eben ihr Wunsch. Man sollte, wenn irgend möglich, einfach mitgehen und ihnen nicht widersprechen, das erleichtert den Kontakt und macht ihn viel angenehmer.

Ad gesellt sich auch zu uns, er ist die gesprächigste Person in unserer Gruppe. Ein wahnsinnig netter Mann, der meine Mitbewohnerin Ida sogar »Schatz« nennt, wenn er ihr beim Essen hilft. Er kümmert sich sehr um andere, auch um mich. »Ich darf nicht Auto fahren, sonst hätte ich dich gern hingebracht«, sagt er, als ich ihm erzähle, dass ich arbeiten muss. Oder er bietet mir an, meine Artikel für das Studium zu lesen. Seit er bei uns eingezogen ist, ist er wirklich mein Kumpel geworden, ein Freund.

Nachdem die mit Fruchtstreuseln und Käse belegten Brote aufgegessen sind, wird der Tisch langsam abgeräumt. »Noch eine letzte Tasse, Ad, dann muss ich wirklich an die Arbeit gehen.« Ich erzähle ihm, dass ich Ende der Woche eine Prüfung habe und daher gleich zur letzten Vorlesung muss.

»Worum geht es in deiner Prüfung?«, fragt Ad.

Ich erzähle ihm, dass es um Forschung geht.

Er zuckt mit den Schultern. »Wenn es um Frauen ginge, würde ich wohl bestehen«, scherzt er.

Tineke lacht. Wir sind ein netter kleiner Klub.

Als ich die Teetassen von Tineke und Leny in meinem Zimmer beiseiteräume, um Platz für meinen Laptop zu schaffen, ist es mit der Ruhe schon wieder vorbei. Ich höre Ad im Gang rufen: »Teun, du musst mir kurz helfen, mein Junge.« Er schiebt einen Rollstuhl mit Elly darin in mein Zimmer. »Kann ich sie mal kurz hierlassen?«, fragt er im Utrechter Dialekt. »Ich muss kurz weg, und dann sitzt sie ganz alleine da, bis gleich.« Und schon ist Ad fort.

Mit breitem Lächeln rufe ich ihm nach: »Natürlich, Ad!« Es scheint so, als wüssten meine Mitbewohner inzwischen ganz gut, an wen sie sich wenden müssen, wenn ihnen selbst gerade etwas nicht gelegen kommt.

Leny kommt auch herein. »Indonesier können auch endlose Versammlungen abhalten«, sagt sie, während sie auf meinen Bildschirm schaut. Meine Kommilitonen lachen darüber, noch eine Oma, die an der Vorlesung teilnimmt. Sie ist auf Englisch, aber das ist für Leny anscheinend kein Problem. »Eine Bereicherung, diese Vorlesung. Mein Mann, Con de Planque, hat darüber auch oft gesprochen«, sagt sie, während sie konzentriert und andächtig zuhört. Es ist so cool, dass ich nicht nur Teil ihrer Welt werde, sondern sie auch Teil meiner Welt wird. So sollte es sein, denke ich mir.

Auch wenn ich es mit meinen Mitbewohnern sehr nett habe, möchte ich hin und wieder einfach gern woanders sein. Manchmal habe ich das Gefühl, in einer Umgebung zu leben, in der die Zeit stillsteht, als wäre jeder Tag gleich, mit der gleichen Routine, denselben Menschen und der gleichen Aussicht. Okay, manchmal regnet es, der Wind weht, oder die Sonne scheint herein, aber das war's auch schon. Dann bin ich ein bisschen niedergeschlagen und unruhig, will einfach mal ausbrechen, um andere Menschen zu treffen.

Ausbrechen? Das würden meine Mitbewohner auch gern, einige von ihnen würden mich nur zu gerne begleiten. Aber nur ich habe das Glück, es tatsächlich tun zu können. Als ich hier einzog, sagte ich, dass dies wirklich meine Wohnung sein würde. Aber natürlich heißt das nicht, dass ich *immer* hier bin. Wenn das der Fall wäre, würde ich schon lange nicht mehr hier wohnen. Ist es wirklich so schlimm? Ja, ist es … und das hat nichts mit dem Haus zu tun, in dem ich wohne, oder mit den Menschen, die hier arbeiten; aber vierundzwanzig Stunden am Tag, sieben Tage die Woche an ein und demselben Ort eingesperrt zu sein, macht einem Menschen, macht jedem Menschen sehr zu schaffen. Manchmal fühlt es sich so an, als würde ich von Mahlzeit zu Mahlzeit leben, bis es dunkel ist und alle zu Bett gehen. Nicht, dass ich dann müde bin, denn ich schlafe mittlerweile genauso leicht auf der Couch ein wie meine Mitbewohner, was meiner Ansicht nach nicht so sein sollte, wenn man sich mit einundzwanzig noch im besten Mannesalter befindet.

Deshalb versuche ich so oft wie möglich jemanden auf einen Ausflug mitzunehmen, um ein bisschen Teilhabe am gesellschaftlichen Leben zu ermöglichen. Mit Ad besorge ich vor einem Fußballspiel leckere Chips und besonderes Bier, mit Tineke geh ich frische Luft schnappen, und mit Muriel kurve ich in meinem alten blauen rollstuhlgerechten Auto durch die Gegend. Alltägliche Dinge, die das Leben angenehm machen und einem das Gefühl geben, dass man lebt. Genau solche Aktivitäten sollten wir integrieren, sie sollten zur Normalität im Pflegeheim werden. Das Pflegepersonal, das Hauswirtschaftspersonal, die Verwaltung oder ehrenamtliche Mitarbeiter, alle können dabei eine Rolle spielen. Wenn jeder es als seine Verantwortung ansähe, die Bewohner im Pflegeheim in das normale Leben einzubeziehen, würde es sich für sie ganz anders gestalten. Statt zu fragen: »Frau de Jong, möchten Sie noch eine Tasse Kaffee?«, und dann eine Viertelstunde später in der Pause mit den Kolleginnen und Kollegen selbst einen Kaffee zu trinken, sollte es heißen: »Frau de Jong, wollen wir gemeinsam Kaffee für alle kochen?«

Ich wiederhole: gemeinsam für alle. Setzen Sie sich zu den Menschen und sprechen Sie über Ihren täglichen Stress, Ihre schönen Erlebnisse oder Ihren Kummer. Teilen Sie das einfach mit ihnen. Sie werden sehen, dass Sie noch nie so viele wunderbare Gespräche geführt haben, denn … es sind Menschen wie du und ich. Wie oft hat mir Muriel Ratschläge in Liebesdingen gegeben und hat Tineke mir gesagt, ich solle auf mich aufpassen, wenn ich ihr erzählt habe, dass ich ein bisschen viel um die Ohren habe. Wenn Sie mit Ihren Dingen zu den Bewohnern gehen, kommen sie auch zu Ihnen. Auf diese Weise wird das Pflegeheim zu einer Erweiterung des Lebens, statt bloß ein Arbeitsplatz zu sein. Bauen Sie Beziehungen auf, die auf Gegenseitigkeit beruhen, Sie werden es nicht bereuen, das verspreche ich Ihnen.

Nach einer Nacht »Freigang« bei Freunden in Amsterdam komme ich am Bahnhof von Utrecht an und kaufe in einem Blumenkiosk einige Tulpensträuße. Dass ich manchmal weggehe und wieder nach Hause komme, sind sie schon von mir gewöhnt, aber ich versuche immer, einen bewussten Moment daraus zu machen. Auf diese Weise schaffe ich vor allem besondere Gelegenheiten, um zusammen Spaß zu haben. Kurz nach dem Mittagessen komme ich in den Aufenthaltsraum und lege die Blumen auf den Tisch. Meinen Mitbewohnern merke ich an, dass sie sich freuen, mich wiederzusehen, aber auch, dass heute Donnerstag ist: Friseurtag. Drei perfekt frisierte Damen und ein frisch gestriegelter Ad sitzen am Tisch und strahlen mich an.

»Hast du dich ein bisschen amüsiert?«, frage ich Tineke.

»Es geht ... Ich habe dich schon vermisst«, antwortet sie.

Ellys Blick fällt auf die Blumen. »Ich liebe Blumen«, sagt sie mit sanfter Stimme.

»Ich liebe Blumen auch sehr«, antwortet Tineke. »Früher habe ich sie immer in Amsterdam gekauft. Tulpen aus Amsterdam.«

Wir gehen zu dritt in die Küche und legen die Sträuße auf die Spüle. Leny kommt auch dazu, aber sie sucht etwas. »Gehst du mit mir nach Hause?«, fragt sie besorgt. Ich erkläre ihr, dass ich hierbleibe, weil die Blumen noch geschnitten werden müssen. »Hilfst du mir, Leny?« Ihre Unruhe verringert sich sichtlich, als sie hilft, das ist schön. Leider gibt es keine Vase, also beschließen wir, gemeinsam auf die Suche zu gehen, und finden schließlich eine in dem anderen Aufenthaltsraum, hinter einem großen Stapel Kartons.

»Das ist ein schöner Strauß«, sagt Tineke. »Eine wunderbare Kombination, finde ich.«

»Das höre ich gerne«, antworte ich und bemühe mich, alle vier Sträuße in der Vase unterzubringen.

Nachdem das geklappt hat, stellen wir die Blumen in die Sitzecke und beschließen, uns dazuzusetzen. Neben uns dröhnt der Fernseher, obwohl außer uns niemand zu sehen ist, also rufe ich wie so oft: »Sieht jemand fern? Sonst schalte ich das Ding aus.« Schweigen … Also aus damit! Zum Fernsehen gibt es hier einige ziemlich bequeme Überlegungen: Schalten wir ihn doch einfach ein, sonst ist es so still hier, und so haben »sie« etwas zu sehen. Aber wenn man nicht fernsehen will, ist das ein superunruhiger Störsender. Es kann doch nichts schaden zu fragen, ob jemand möchte, dass der Fernseher läuft, anstatt ihn einfach aus Gewohnheit oder Langeweile einzuschalten.

Gerade als ich ausschalten will, kommt unser größter Fernsehzuschauer in den Aufenthaltsraum: Ad. Er schaut »nur«, wenn Fußball, Tennis, Eishockey, Eiskunstlauf, Formel 1 oder ein olympischer Wettkampf … kurz gesagt, wenn Sport zu sehen ist. Ansonsten ist er in seinem Zimmer mit seinem Ministeck beschäftigt.

»Tag, Chef«, sage ich.

Er hört mich nicht und fragt Ida: »Wie geht es dir, Opa?«, während er ihre Schulter streichelt. Er weiß ganz genau, dass Ida eine Frau ist, nennt sie aber immer zum Spaß Opa. Im Moment schläft sie, aber durch seine Berührung wacht sie langsam auf. Er tippt ihr erneut auf die Schulter und streicht ihr liebevoll durchs Haar. »Wie geht es dir?«

Ida sieht auf und zieht leicht die linke Augenbraue hoch,

aber schon bald sinkt ihr Kopf wieder nach unten, und sie schläft ein, ohne etwas zu erwidern.

»Hm, dann ist sie wohl müde«, sagt Ad.

»Das glaube ich auch, komm, setz dich doch zu uns«, rufe ich ihm zu. Und während sich Ad neben mich auf das Sofa setzt und mir zum Scherz einen Stoß in die Seite verpasst – »Na, Jungchen!« –, wird mir klar, wie glücklich ich mich schätzen kann, mit diesen Menschen leben und sie meine Freunde nennen zu dürfen.

2011

»Teun? Hast du nachher mal einen Moment Zeit?«, kommt es aus dem Büro unserer Stationsleiterin, als ich daran vorbeigehe. Es liegt nicht auf der Station, sondern davor, in einem Bereich ohne Zugangscode.

»Ja, Rita, ich bringe nur eben meine Sachen in mein Zimmer, dann komme ich, okay?«, antworte ich, bevor sich die Schiebetüren zu unserer Wohnung wieder hinter mir schließen.

»Musst du zum Rapport antreten?«, fragt Ad, der im ersten Zimmer auf der Station wohnt und alles gut hören kann, lachend.

»Sieht fast so aus, aber wird schon nicht so schlimm werden«, sage ich mit einem Grinsen im Gesicht.

»Hast du denn was ausgefressen?«

»Also wirklich, Ad, ich doch nicht! Sie hat wahrscheinlich bloß eine Frage oder so. Ich halte dich auf dem Laufenden.«

Während ich von Ads Zimmer am Klavier vorbei zum Aufenthaltsraum gehe, denke ich über seine Worte nach. Zum Rapport antreten, genauso fühlt es sich an. Es ist bezeichnend dafür, wie ich das Verhältnis zwischen den Bewohnern und den Mitarbeitern in einem Pflegeheim empfinde – als hierarchisch. Als Pfleger habe ich das nie so stark wahrgenommen, als Bewohner aber sehr wohl. Eigentlich von Anfang an. Man bekommt das Gefühl: »Das sind die Regeln, und an die musst du dich halten.« Nicht, dass einem gesagt würde: »Und wenn du das nicht tust, dann …«, aber die Drohung steht ständig im Raum. Regeln müssen sich natürlich nicht unbedingt bedrückend anfühlen, solange ein Gefühl von Gleichrangigkeit besteht. Und genau dort liegt in der Pflege von Menschen mit Demenz das Problem, denn diese Gleichrangigkeit gibt es hier nicht. Weder in der Art, wie wir als Mitarbeiter diese Menschen sehen, noch in den Regeln, die wir für sie aufstellen, und schon gar nicht darin, wie wir sie behandeln.

Eingesperrt zu sein hat per definitionem nichts mit Gleichrangigkeit zu tun, ganz zu schweigen davon, dass diese Entscheidung nicht aufgrund eines Gesetzesverstoßes, sondern aufgrund einer Diagnose und einer Betreuungsindikation getroffen wurde. Dahinter steht der Gedanke, dass die Bewohner eine Gefahr für sich selbst oder für die Gesellschaft darstellen könnten, genau wie andere »Geisteskranke«, die im Maßregelvollzug landen. Ein »kleiner« Unterschied besteht darin, dass viele der im Maßregelvollzug Inhaftierten schreckliche Verbrechen begangen haben. Sie haben eindeutig bewiesen, dass sie eine Gefahr für sich selbst und die Gesellschaft darstellen. Das trifft auf die Menschen im Pflegeheim nicht zu.

Dass meine Großtante eine Gefahr für sich selbst darstellte, weil sie jeden Tag vergaß, ihr Insulin zu nehmen, habe ich nicht vergessen, aber haben wir deshalb das Recht, sie einzusperren? Als Greet von einer Krankenpflegerin ihr Insulin verabreicht bekam und die Einnahme an den Tagesrhythmus (Essen, Waschen und Schlafen) angepasst wurde, war sie keine Gefahr mehr für sich selbst. Und sie hat sich auch nicht mit der Mistgabel auf den Nachbarn gestürzt. Sie war nur hilfsbedürftig, und das kostete sie ihre Freiheit, ihre Selbstbestimmung und ihre Stimme in der Gesellschaft.

Aber Teun, es gibt auch Menschen mit Demenz, die sehr wohl aggressiv werden, blindlings weglaufen oder »verrückte« Dinge tun. Okay, aber rechtfertigt das, sie einzusperren? Wir müssen Menschen, die ein solches Verhalten an den Tag legen, natürlich helfen, aber das tun wir auf die Weise gerade nicht. Welche Gefühle es hervorruft, eingesperrt zu sein, habe ich schon erwähnt; ich habe den Eindruck, dass diese Gefühle Aggressionen oder den Drang wegzulaufen gerade verstärken oder vielleicht sogar verursachen können. Aber Teun, meinst du das ernst? Ja, das tue ich.

Bei mir selbst ist schon nach ein paar Tagen der Drang entstanden, auszubrechen, und als Einziger der Bewohner einer geschlossenen Abteilung in unserem Pflegeheim darf ich das sogar. Wenn man diesen Drang verspürt und als Bewohner nicht Teun heißt, bekommt man zu hören: »Setzen Sie sich nur ruhig hin, alles wird gut«, und dann passiert weiter nichts. Das Verlangen wird nur noch stärker, denn jedes Mal kriegt man die gleiche Antwort: »Nein, Sie sind schon zu Hause, Sie brauchen nicht wegzugehen. Sie haben hier ein Zimmer.« Aber dieser Ort fühlt sich nicht wie ein Zuhause an, und man will »verdammt noch mal« weg. Und dieser besserwisserische Mitarbeiter »soll sich zum Teufel scheren«, mit all seinen Lügen. Dann können plötzlich Leute mit Piepern und Schlüsseln auftauchen, die einem verklickern, dass man sich beruhigen soll, und die einem einen Löffel Apfelmus mit zerstoßenen Pillen in den Mund zu stopfen versuchen. Vor lauter Panik springt man aus dem Bett und versucht, sich aggressiv Gehör zu verschaffen. Man schreit durch den Flur »Lasst mich raus!«. Aber es nützt nichts, denn innerhalb weniger Minuten setzt die Wirkung der Medikamente ein, und man spürt, wie man wegsackt. Die Lichter gehen aus, und das nicht zum letzten Mal, denn dieser Vorfall bringt einem das Label »aggressiv« ein. Man ist nun allgemein als jemand bekannt, der »ein problematisches Verhalten« an den Tag legt, und wenn keine andere Lösung in Sicht ist, gehören Antipsychotika und Beruhigungsmittel mit einem Mal zum täglichen Frühstück. Eine eilends getroffene Maßnahme mit langfristigen Folgen, man wird nicht nur weniger wütend werden, auch die Empathie schlägt in Apathie um. Aber zumindest ist es jetzt wieder schön ruhig auf der Station …

Ich bin nicht für Aggression und Gewalt oder gegen Medikamente, natürlich nicht. Ich will damit nur sagen, dass sich mit einem anderen Ansatz viel aggressives, ängstliches oder anderswie »problematisches Verhalten« vermeiden ließe. Francien, eine gute Freundin von mir und Leiterin eines Pflegebauernhofs für Demenzkranke, hat mir einmal dargelegt, dass es um die »Kunst der Verführung« geht, und das habe ich nie vergessen. »Wenn man Menschen zum Bleiben verführt, haben sie nicht das Bedürfnis wegzulaufen.« Die meisten Menschen, die weglaufen wollen, haben Angst davor, eingesperrt zu sein. Wenn wir dafür sorgen, dass sich das Gefühl, eingesperrt zu sein, in ein Gefühl des Zuhauseseins verwandelt, können wir die geschlossenen Türen öffnen.

Sollte jemand trotzdem den Drang verspüren wegzugehen, begleiten wir sie oder ihn ein Stück, damit die Angst abnimmt. Nach wenigen Minuten wird der Wunsch wegzugehen dem Wunsch weichen, zu dem, was man kennt, zurückzukehren. Ich habe das selbst miterlebt, und es funktioniert. Auch hier gilt: Je normaler der Umgang, desto besser die Versorgung. Jeder Mensch möchte, dass seine

Beschwerden oder Ängste ernst genommen werden, auch Menschen mit Demenz. Jeder Mensch möchte an einem Ort wohnen, den er als angenehm empfindet, auch Menschen mit Demenz. Lassen Sie uns gemeinsam dafür sorgen, dass es in den Niederlanden und überall noch mehr angenehme Orte gibt, an denen Menschen mit Demenz in Freiheit leben können. Nicht isoliert, sondern als Teil unserer Gesellschaft.

Mein Engagement für eine bessere Zukunft für Menschen mit Demenz sorgt dafür, dass ich jeden Tag gern die Vorhänge in der Einrichtung aufziehe, aber jetzt, wo ich schon etwas länger hier lebe, merke ich, dass mir die Spannungen im Pflegeheim immer mehr zu schaffen machen. Ich kann nicht mehr an zwei Händen abzählen, wie oft ich in meinem Zimmer in Tränen ausgebrochen bin. Immer öfter habe ich das Gefühl, dass ich unerwünscht und lästig bin, und das liegt nicht an meinen Mitbewohnern. Es kommt mir vor, als müsste ich mit äußerster Vorsicht vorgehen, wenn ich mitteilen will, was meine Mitbewohner beschäftigt, was sie stört und was sie bewegt. Meine Beobachtungen sind keineswegs immer willkommen, im Gegenteil. Die Blicke oder die Haltung einiger Pflegekräfte, wenn ich den Aufenthaltsraum betrete, geben mir als Bewohner das Gefühl, machtlos zu sein.

Das ist schade, denn die meisten Mitarbeiter sind wunderbare Menschen mit einem großen Herzen, hoher Kompetenz und viel Einfühlungsvermögen. Diese Güte wird jedoch vom Kontrollzwang Einzelner überschattet. »Was macht er den ganzen Tag?« »Sitzt er schon wieder bei ihr?« »Wo geht er jetzt schon wieder hin?« Solche Kommentare, immer in einem vorwurfsvollen Ton, höre ich, wenn ich auf der Station herumlaufe, sodass ich mehr und mehr das

Gefühl bekomme, den Pflegekräften zur Last zu fallen. Und das Schlimmste ist: Ich traue mich nicht zu fragen, ob es stimmt, weil ich fürchte, damit die Situation nur zu verschlimmern. Also verfalle ich in eine Art irren Krampf, mit einem halbherzigen Lächeln auf dem Gesicht, als wollte ich sagen: »Ich meine es doch nur gut«, und zeige das gleiche demütige Verhalten, das ich bei meinen Mitbewohnern beobachte.

Es erschreckt mich zu sehen, dass sich das auch bei mir entwickelt. Immer öfter erlebe ich, wie ich mich wegducke und verbiege, um niemandem zur Last zu fallen. Obwohl das überhaupt keinen Sinn macht! Ich zerreiße mich für meine Mitbewohnerinnen und Mitbewohner, aber indirekt ebenso sehr für alle in der Pflege, nur wird das nicht immer so gesehen. Ich schätze alle sehr, die hier arbeiten, aber durch meine Rolle als Mitbewohner sehe ich nun auch Prozesse, die sonst nicht ins Auge fallen, und das bringe ich hin und wieder zur Sprache.

Von mir als Bewohner werden bestimmte Dinge erwartet, zum Beispiel, dass ich an einer Aktivität am Abend teilnehme, auch wenn mir das in dem Moment überhaupt nicht passt. Ich bin der Meinung, dass man als Heimbewohner die Freiheit haben sollte, selbst zu entscheiden, was man mag und wozu man Lust hat. Es sollte sich nie so anfühlen, als würde man einfach nur irgendwo abgestellt oder geparkt. »So, die sind schön beschäftigt«, höre ich regelmäßig im Verlauf solcher Aktivitäten. Macht doch aus unserem Aufenthaltsraum einfach ein Bällebad, dann sind wir immer brav, denke ich dann bei mir. Und dann denke ich gleich: Nicht zu heftig, Teun, mit offenem Visier …

Dass es mir aufgrund der Verkettung solcher Ereignisse und Bemerkungen nicht zu gelingen scheint, ein angenehmes Leben in diesem Pflegeheim zu haben, ärgert mich. Das sind Gefühle, die ich nach den ersten Wochen noch nicht so recht einordnen kann, denn ich habe mich sehr auf das Zusammenleben mit meinen Mitbewohnern und den Pflegekollegen gefreut.

Und ich bin nicht der Einzige, der solche Erfahrungen macht. Meine Mitbewohnerinnen und Mitbewohner spüren sehr gut, wie die Beziehungen funktionieren und wie die Menschen über sie denken. »Wenn Schwester Natalie da ist, ist nichts erlaubt«, erklärt mir Muriel. »Sie tut so, als ob sie hier das Sagen hätte. Ich würde ihr gerne etwas entgegnen, aber ich tue es nicht, denn dann bekomme ich es doppelt so hart zurück. Ich beherrsche mich lieber.«

Solche Geschichten machen mich traurig. Hinter der Haltung der Pflegerin steht zweifellos eine gute Absicht, aber das reicht nicht. Die letzte Lebensphase in einem Pflegeheim sollte doch eine Phase sein, in der man sich offen äußern kann und keine Angst mehr vor anderen haben muss, schon gar nicht, wenn diese anderen zum Teil vom eigenen Beitrag bezahlt werden, das ist inakzeptabel! Mir ist immer klarer geworden, dass ich als Pflegemitarbeiter nicht Teil des Systems Pflegeheim werden möchte, weil ich Angst habe, mich an das hierarchische Verhältnis zwischen Bewohnern und Pflegedienstleistern zu gewöhnen. Diese Ungleichwertigkeit steht im Widerspruch zu allem, was die Pflege meiner Meinung nach so schön macht.

Auch wenn es manchmal schwerfällt, ist es doch von essenzieller Bedeutung, schwierigen Themen und ethischen Problemen nicht aus dem Weg zu gehen, sondern sie erst recht anzusprechen. Daher möchte ich hier gleich ein heißes Eisen anpacken, indem ich eine freiheitsbeschränkende

Maßnahme thematisiere, über die man nicht gerne spricht: die Fixierung.

Vor einigen Jahren fragten in den Niederlanden Pflegekräfte und Angehörige, ob der sogenannte Schwedische Gurt (ein Gurt, der verhindern soll, dass sich jemand selbstständig fortbewegen kann) abgeschafft werden könnte. Dies war seinerzeit offenbar durchaus möglich; heute wird diese Art von Gurten in Pflegeheimen nicht mehr verwendet. Ich betone »diese Art«, denn manche meiner Mitbewohner werden auf eine andere – wenn auch etwas weniger drakonische – Art fixiert. Selbst wenn solche freiheitsbeschränkenden Maßnahmen vermeintlich im eigenen Interesse des Menschen mit Demenz und in Absprache mit den Betreuern und der Familie getroffen werden, haben sie doch immer direkte Auswirkungen auf das Wohlbefinden der betroffenen Person. Das ist bei Elly gut zu sehen, wenn sie gezwungen wird, ihren Gurt anzulegen.

Als ich in den Aufenthaltsraum hineingehe, sehe ich, dass dort in der Mitte ein leerer Rollstuhl abgestellt ist, auf dem ein Aufkleber mit der Aufschrift »Wohnung 2« angebracht ist. Elly sitzt auf dem Stuhl daneben. »Es hat funktioniert«, sagt sie mit einem breiten Lächeln. Mein Blick fällt auf ihre Socken, die mit einem Etikett des Wäschedienstes versehen sind, einem Strichcode, der deutlich macht, wem die Kleidung gehört.

»Du hättest dabei sein sollen. Ich habe ihr in den Stuhl geholfen«, sagt Ad mit hörbarer Erleichterung in seiner Stimme.

Nach ein paar Minuten kommt eine mir unbekannte Zeitmitarbeiterin herein, und ich merke sofort, dass sie sehr liebevoll mit meinen Mitbewohnern spricht. Wir kommen ins Gespräch, und ich sage ihr, dass ich mich über ihre Begeisterung freue. Das gibt ihr die Sicherheit, darüber zu sprechen, was ihr in der Pflege auffällt. »Als Zeitarbeitskraft werde ich in der Regel in einer Wohnung eingesetzt, ohne etwas über die Menschen dort zu wissen, also muss ich am Anfang etwas Zeit investieren. Leider bekomme ich dafür fast nie die Zeit, weil ich wegen meiner Rolle als Zeitarbeiterin auch noch in anderen Abteilungen oder Orten aushelfen muss, obwohl ich mich am liebsten um die Heimbewohner in der Wohnung kümmern möchte.« Sie beschreibt die Machtverhältnisse zwischen Zeitmitarbeiterinnen und Festangestellten, die starke Hierarchie, die hier herrscht, »nicht nur zwischen dem Management und den Pflegekräften, sondern auch untereinander auf der Etage«.

Es ist bizarr, dass in einer Welt, die dem Militär so fernsteht, eine militaristische Denkweise so tief verwurzelt ist. Es erscheint mir vollkommen richtig und logisch, dass in Kriegszeiten jeder auf den Befehl des Kommandanten hört und ihn ausführt, statt mitten in einem Feuergefecht eine Diskussion darüber anzufangen. Aber wenn die Aufgabe darin besteht, Menschen an einem Ort zu betreuen, der nicht mit einem Schlachtfeld vergleichbar ist, welchen Sinn haben dann eine solche hierarchische Struktur und das damit einhergehende Verhalten? Wenn ein Arzt sagt, dass Tineke vor dem Schlafengehen zwei Paracetamol nehmen soll, dann ist das nicht als Befehl aufzufassen. Man kann es einfach als die Mitteilung eines Teamkollegen betrachten, ohne dass dabei der Arzt auf ein Podest gestellt und die Hackordnung ungewollt bestätigt wird. Ob man nun zum Hauspersonal gehört, Reinigungskraft, Seelsorger, Physiotherapeutin, Stationsleitung oder Ärztin ist – im Prinzip kann jeder einspringen, wenn das Pflegepersonal während der Mahlzeiten besonders viel zu tun hat. Und jeder kann mit einer Bewohnerin, die allein dasitzt, ein Schwätzchen halten oder die Scherben einer zu Boden gefallenen Kaffeetasse aufheben, wenn kein Reinigungspersonal in der Nähe ist. Tut man so etwas nicht gern füreinander, ohne dass dabei der Titel eine Rolle spielt?

»Dieser Gurt sorgt dafür, dass du nicht aus dem Rollstuhl rutschst, genau wie im Auto«, sagt eine Pflegerin, die gerade hereingekommen ist, zu Elly.

»Jaja, nur zu«, schluchzt Elly leise.

Auch die Fußstützen werden am Rollstuhl befestigt.

»Kann man nicht auf die Stützen verzichten, damit sie sich noch ein bisschen selbstständig bewegen kann?«, frage ich. Ich bin oft im Zweifel, ob ich als Mitbewohner solche Dinge sagen kann, aber mein Gefühl sagt mir, dass ich es jetzt tun sollte.

»Ich weiß nicht«, bekomme ich als Antwort, aber die Stützen werden doch wieder entfernt.

»Und stellt ihr mich jetzt hier ab?«, fragt Elly in niedergeschlagenem Ton. Sie fängt an zu weinen und ergreift meine Hand, sie scheint sich für den Gurt zu schämen. »Das ist nichts für mich.« Sie versucht, ihre Bluse über den Gurt zu ziehen. »Wozu soll das gut sein?«

Die Antwort muss ich ihr schuldig bleiben, denn ich weiß es auch nicht.

Einen Moment später gibt sie selbst die Antwort. Sie zeigt mir vorsichtig den schwarzen Gurt. »Ich war zweimal gestürzt, da kam zufällig die Krankenschwester vorbei. Ich fragte, was das soll. Sie sagte: ›Das ist eine Strafe.‹ Ich fragte sie: ›Wofür? Habe ich etwas getan?‹« Elly zuckt mit den Achseln. »Dann sagte die Schwester: ›Du bist zwei oder drei Mal gefallen, also bekommst du so ein Ding.‹«

Ich traue mich nicht zu nicken, denn damit hätte ich die

Strafe gutgeheißen. Was für meine Beziehung zu Elly nicht gut wäre.

Lange Zeit ist es still.

»Es ist schrecklich, schrecklich.« Ellys Verzweiflung bricht sich Bahn, ihre Tränen lassen sich nicht mehr aufhalten.

Auch ich kann mich nicht länger zusammenreißen, ich nehme ihre Hand und weine leise mit ihr.

»Ich finde es schlimm, dass jemand das sieht, dass ich eingestehen muss, so ein Ding tragen zu müssen. Ich kann doch nichts dafür, dass ich falle, oder? Und dann kriege ich auch noch so eine Strafe.« Sie ist untröstlich …

Mittlerweile haben die Pflegekräfte das Weinen auch bemerkt, und Niels setzt sich zu uns. Er ist, soweit ich weiß, der einzige Mitarbeiter, der von einigen meiner Mitbewohner mit seinem Vornamen angesprochen wird. Vielleicht weil er als einer der wenigen Männer hier besser in Erinnerung bleibt, aber ich denke, es liegt vor allem an seiner netten Art, Kontakte zu knüpfen. Nach der Kunstschule hat er sich für die Arbeit im Pflegeheim entschieden, und er hat ein besonders menschliches Interesse an meinen Mitbewohnern. Er nimmt sich die Zeit, Tineke die Zeitung vorzulesen, da sie selbst nicht mehr dazu in der Lage ist, unterhält sich eingehend mit den Damen über bedeutsame Nebensächlichkeiten des Lebens und lockert die Stimmung immer mal wieder mit einem netten Scherz auf. Wir kommen oft miteinander ins Gespräch und reden dann über die Dilemmata, mit denen wir manchmal zu kämpfen haben.

Niels versucht Elly ein wenig zu beruhigen. »Ich bin mit diesem Gurt auch absolut nicht einverstanden, aber ich bin nicht in der Position, dazu etwas zu sagen«, erklärt er. Eine

Der Vogelkäfig steht für das schwerfällige System der Kranken-pflege. Die Tür steht offen, weil wir die Dinge selbst in der Hand haben.

Die Discokugel darf in unserem Pflegeheim nicht fehlen.

Blick aus meinem Fenster an einem warmen Sommerabend.

Freitagnachmittag-Umtrunk mit Ad, Elly und Tineke.

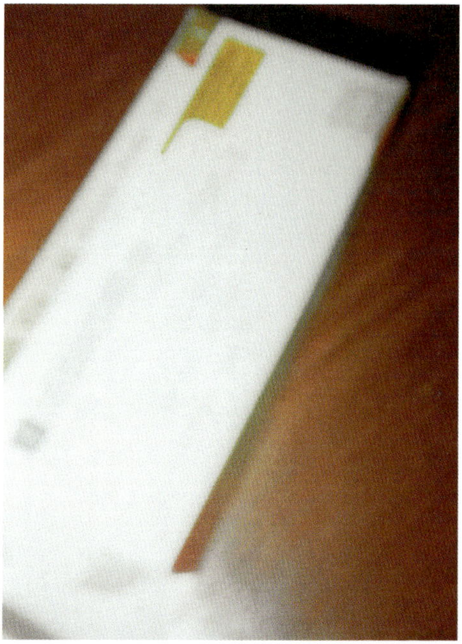

Medikamentennebel.

Eine Unterbrechung während meiner Vorlesung. Tineke und Elly kommen zu Besuch.

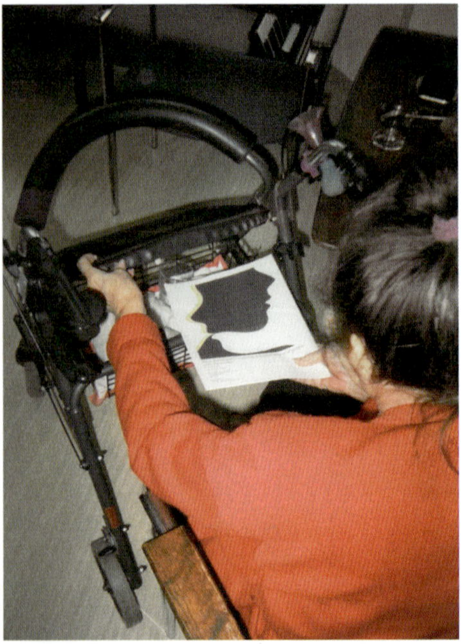

Muriel nimmt meine Studie mit in ihr Zimmer, sicher verwahrt im Korb ihres Rollators.

Eefje, eine Freundin aus der Krankenpflege-Ausbildung, ist zu Besuch.

Ein spezielles Bier, das Ad ein Augenzwinkern entlockt.

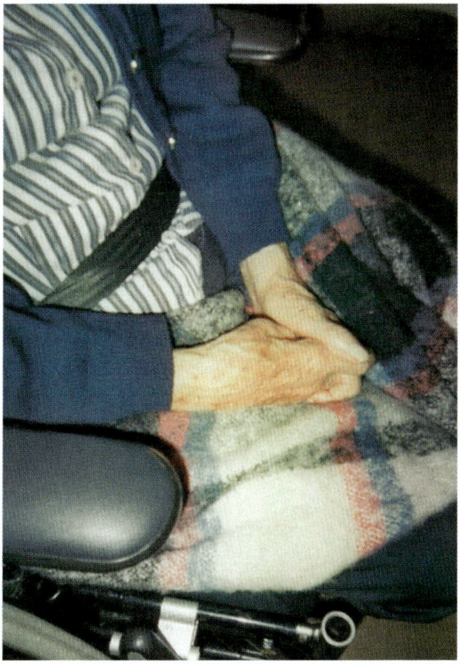

Die berühmten Hände im Schoß.

Ad und seine Ministeck-Projekte.

Mitbewohnerin Nel kommt auf ein Gläschen Wein vorbei.

Unter den wachsamen Augen von Tineke unterschreibe ich meinen allerersten Buchvertrag.

Links in der Ecke ist Lenys Stammplatz.

Wir schreiben Ellys bester Freundin eine Karte.

Die Sozialgeografin auf Erkundungsstour im Garten des Pflegeheims.

Aussage, die mich als Mitbewohner und Pflegekollege betroffen macht, weil sie nicht nur ein Gefühl der Machtlosigkeit zum Ausdruck bringt, sondern auch deutlich macht, wie ausgeprägt die Machtverhältnisse unter den Mitarbeitern sind. Wir denken in Funktionen und Titeln, und das steht dem menschlichen Maß und dem menschlichen Umgang miteinander im Weg. Das ist nicht nur fatal für die Autonomie der Pflegekräfte, sondern behindert auch die Fortentwicklung der humanen Pflege von Menschen mit Demenz.

Plötzlich fällt mir etwas ein. »Ich muss ja zu Rita, das habe ich ganz vergessen«, rufe ich und renne aus dem Aufenthaltsraum.

An der Tür treffe ich Ad, genau wie heute Morgen. »Hast du es eilig, mein Freund?«, fragt er. »Kann ich dir helfen?«

»Nein, Ad, lieb von dir, aber ich habe meine Verabredung mit Rita vergessen, deshalb …«

Als ich gerade den Code in den schwarzen Kasten an der Wand eingeben will, ruft Ad: »Du hast also den Code?«

Erschrocken beginne ich zu stottern. »Ja, Ad … warum?« Ich stehe da wie festgenagelt, es fühlt sich an, als hätte er mich bei etwas erwischt und als hätte ich unsere Gleichrangigkeit und unsere Freundschaft verraten, weil ich ihm nicht den Schlüssel zu unserer Welt gebe.

»Ist schon gut, mein Junge, ich mache nur Spaß. Wir sehen uns gleich.«

Ad schließt seine Tür, während sich die Tür der Abteilung nach dem Eintippen von vier grün markierten Zahlen öffnet: 2017. Vier Ziffern, die über Macht und Ohnmacht entscheiden, vier Ziffern, die über die eigene Freiheit entscheiden, vier Ziffern, die unsere Welten trennen. Vier Ziffern …

IV

ICH DENKE, ALSO BIN ICH

FRÜHER WAR ALLES BESSER

»Mensch, was hast du für 'ne krasse Hose an, echt sexy«, ertönt es vom Sofa hinter mir. Ich sitze im Aufenthaltsraum, lese die Zeitung und höre, wie Leny und Tineke über ihre stichelnde Bemerkung kichern.

»Haha, wieso krass? Das ist doch der letzte Schrei«, sage ich, während ich aufstehe und mich umdrehe, um ihnen meine Hose zu präsentieren. Sie hat ein Zebramuster, aber das kann man kaum als besonders schockierend bezeichnen, denn auch zu »ihrer Zeit« liefen die Menschen in solchen Mustern herum.

»Der letzte Schrei«, sagt Tineke. »Man muss die Dinge nur lange genug aufbewahren, dann werden sie von selbst wieder modern, genau wie die Sachen in deinem Zimmer.« Damit spielt sie natürlich auf mein sorgfältig zusammengestelltes Retro-Zimmer an.

»Du musst auch immer recht haben, oder, Tineke?«

Bei diesen Worten strahlt sie bis über beide Ohren dort auf ihrem Sofa. »Nun, das habe ich schon oft gehört, also wird's wohl stimmen«, antwortet sie.

Solche kleinen Gespräche machen mich glücklich. Sie lassen uns für einen Moment vergessen, was sich abspielt, und erinnern mich daran, worum es bei guter Pflege wirklich geht: Menschen spüren lassen, dass sie dazugehören. Das Schöne daran ist, dass es sich durch die kleinsten Aktionen bewerkstelligen lässt, zum Beispiel indem man miteinander über eine todschicke Hose Witze reißt, gemeinsam die Wäsche zusammenlegt, alte Geschichten aus der

Mottenkiste hervorkramt oder den Damen rote Ohren beschert, indem man ihnen etwas aus seinem Liebesleben erzählt. Mit anderen Worten: indem man einfach die eigene Erfahrungswelt mit anderen teilt.

Den meisten Menschen, die in der Pflege tätig sind, ist das in die Wiege gelegt, es ist das, was sie am liebsten tun. Wegen des Verantwortungsdrucks und der vielen kleinen nebensächlichen Dinge, die anfallen, kommen sie aber kaum dazu. Ich finde das sehr schlimm, denn so berauben die Pflegekräfte nicht nur die Heimbewohner, sondern auch sich selbst einer ganzen Menge Glück. Es ist ein ungleicher Kampf zwischen dem Erledigen aller Aufgaben und dem geselligen Beisammensein, denn als Pflegekraft wird man nun einmal danach beurteilt, was man erledigt. Das ist irgendwie sehr bizarr, denn es bedeutet, dass die Gefahr, arbeitslos zu werden, für eine Pflegegraft, die ihre Aufgabenliste nicht abarbeitet, größer ist als für eine, die nicht imstande ist, *wirklich* für die Menschen zu sorgen. Ist das nicht vollkommen absurd?

Meine Hunderttausende Kollegen arbeiten in der Pflege, weil sie ein großes Herz für die Menschen haben. Lassen Sie uns also bitte dafür sorgen, dass sie ihr Herz auch einsetzen und ihre Arbeit so machen können, wie es sich gehört: mit Zeit und einem Blick für die Menschen.

Als mein Lieblingspfleger auf der Station verfügt Niels über dieses Talent, und das führt dazu, dass alle Heimbewohner um seine Aufmerksamkeit buhlen. Wenn ich Tineke in den Aufenthaltsraum fahre und sie ihn dort sieht, kann sie sich ein Lächeln nicht verkneifen. »Hallo, Niels, wie schön, dass du da bist«, sagt sie sofort. »Guten Tag, mein Schatz, ich freue mich auch, dich zu sehen«, antwortet er und umarmt sie herzlich.

Niels ist ein festangestellter Mitarbeiter, der immer wochentags arbeitet. Er hat mir schon sehr geholfen, auch weil er ein offenes Ohr hatte, wenn mir das Ganze mal eine Weile schwerfiel. Dafür hatte er ein untrügliches Gespür und sagte dann: »Ich finde es großartig, dass du hier so lange durchhältst.« Nicht um das Pflegeheim zu kritisieren, sondern um bei mir wieder das Feuer zu entfachen und mich daran zu erinnern, warum ich eigentlich hier wohne. Wir sind uns einig, dass Veränderungen notwendig sind, denn so wollen wir nicht in einem Pflegeheim alt werden. Aber was genau sollte dann geschehen? Das ist die Frage, die uns umtreibt. Wir kommen eigentlich immer zu dem gleichen Schluss, dass wir in einer möglichst normalen Umgebung möglichst normal behandelt werden wollen. Wir wollen einfach nach draußen gehen können, eine gemütliche Rumpelbude haben und einfach Junkfood essen, wenn uns danach ist. Keine Zäune, keine verschlossenen Türen, keine sterilen Böden oder wohltemperiertes Essen.

»Elly, kommst du auch zu Tisch?«, frage ich. Es ist Zeit, das Mittagessen wird angerichtet. Da Elly es trotz ihres starken Willens nicht allein in ihrem Rollstuhl an den Tisch schafft, helfe ich ihr dabei.

»Jetzt geht es aber besser als heute Morgen, stimmt's, Tineke?«, höre ich Niels zu meiner Mitbewohnerin sagen. Er steht in der Küche und sieht zu, wie sich Tineke zum Tisch hinbewegt.

Auch Ad setzt sich gerne dazu. Wie immer sitzt er neben Elly, die er liebevoll »El« nennt. Ab und zu fragt Ad mit besorgter Stimme, wie es El geht, denn auch ihm entgeht nicht, dass sich ihr Gesundheitszustand sprunghaft verschlechtert.

»Möchtest du ein Glas Trinkjoghurt oder Buttermilch?«, fragt Niels Ad.

Er entscheidet sich für Ersteres.

Ich frage, ob Leny etwas trinken möchte, woraufhin Niels fragt, ob ich den Proteindrink an sie weiterreiche.

»Ich bin froh, dass du wieder hier bist, dann ist ein bisschen mehr …« Ad fällt nicht sofort das richtige Wort ein. »… Schwung im Laden. Bist du nicht froh, dass du wieder zurück bist?«

Diesmal richtet er die Frage nicht an mich, nachdem ich kurzzeitig außer Haus gewesen bin, sondern an Niels. Ich finde es schön zu sehen, dass Niels und meine Mitbewohner so gut miteinander auskommen, das sorgt für eine entspannte Atmosphäre.

»Ich bin auf jeden Fall froh, wieder hier zu sein«, antwortet Niels.

»Das gilt auch für mich«, fügt Elly hinzu, während Leny ihr eigenes Sandwich mit einer dicken Schicht weicher Butter bestreicht.

Ein unbekannter Mann kommt herein. »Sind Sie hier der Verantwortliche?«, fragt er Niels.

Ich sehe, wie er nachdenkt. »So halb. Hier schon«, antwortet er.

»Wir werden um zwei Uhr einen Feueralarmtest durchführen. Der Test um zwölf Uhr wurde abgesagt, daher wird er um zwei Uhr stattfinden. Sie müssen nicht reagieren, wir wollen nur sehen, ob die Meldung ankommt.«

Es stellt sich heraus, dass der Mann vor Kurzem auch die Rufanlagen auf unserer Station installiert hat, mit denen die Pflegekräfte alarmiert werden können. Manchmal drücken die Bewohner selbst die Ruftaste, aber in der Regel sendet der Sensor neben ihrem Bett automatisch einen Ruf, wenn sie aufstehen. In meinen Augen ist das wieder einmal ein bezeichnendes Beispiel für die zwanghafte Kontrolle in der institutionellen niederländischen Pflege.

Leny ist die stille Esserin in unserer Mitte. Ab und zu sieht sie mich an und zwinkert mir sogar einmal zu. Auch heute ist sie als Erste fertig, und ich bitte sie, mir das Brot zu reichen.

»Natürlich, wenn *du* mich darum bittest …«

Ich käme leicht selbst an das Brot, aber Leny mag es zu helfen. Das hebt ihre Laune und führt oft zu einem lieben Schwätzchen oder netten Moment.

»Du kannst wirklich viel essen, mein Junge«, sagt sie dabei lächelnd.

Als ich sie Anfang dieser Woche fragte, was für sie der Sinn des Lebens sei, antwortete sie treffend: »Für andere von Bedeutung zu sein.« Jedes Mal, wenn sie das Gefühl hat, anderen etwas zu bedeuten, sieht man, wie wieder Leben in ihre Gesichtszüge und ihre Augen kommt. Für einen Moment ist sie dann nicht die Frau, die sich zurückgezogen hat, die nur kurz und freundlich aufblickt, wenn jemand vorbeigeht, und dann wieder hinter einem leeren Blick abtaucht, sondern die Frau, die um die halbe Welt gereist ist, der keine Idee zu verrückt ist und die die schönsten Geschichten erzählen kann. Und das alles nur, weil man sie »einfach« anspricht, darauf, was sie wichtig findet und wonach die meisten Menschen ihr ganzes Leben lang suchen … Von Bedeutung zu sein.

In der Zwischenzeit werden alle weiter mit Essen versorgt. »Möchtest du noch eine Scheibe Rosinenkuchen?«, fragt Niels Tineke.

»Ja, das möchte ich gerne«, sagt sie wie immer.

»Und ich auch«, sagt Ad.

Niels legt Tineke eine Scheibe auf den Teller. Sie selbst kann sie wegen ihrer schlechten Augen nicht mehr richtig sehen.

»Jetzt siehst du gleich anders aus, ein bisschen fröhlicher«, sagt Ad und lacht.

Ida, die am Kopfende des Tisches sitzt, ist kein großer Fan von Essen, dafür aber umso mehr von Getränken. Sie zeigt auf die Getränkekartons, die vor ihr stehen. Sie kann zwar nicht mehr sagen, was sie will, aber darauf zu zeigen gelingt ihr noch gut.

»Ich weiß, mein Schatz, etwas zu trinken findest du lecker«, sagt Niels.

Als die zuckerhaltige Substanz, die in den speziellen Trinkbecher gegossen wurde, ihre Lippen erreicht, zucken ihre Mundwinkel vor Freude. Ein kleines Glück.

Ist Kommunikation auf einem »normalem« Weg nicht mehr möglich, ist es von zentraler Bedeutung, die Körpersprache von Menschen verstehen zu lernen. Aber es braucht seine Zeit, bis man gelernt hat, jemanden zu lesen. Zeit, die so wichtig, aber selten vorhanden ist. Zeit oder Priorisierung, das ist hier die Frage. Die Prioritäten werden von Menschen gesetzt, die selten oder nie hier auf der Station sind oder jemals waren. Bei der Entwicklung von Prozessen und Systemen wird Effizienz angestrebt, aber es ist fraglich, ob dieses Konzept innerhalb der Pflege tragfähig ist. Wir produzieren keine Hamburger, sondern müssen Menschen, die alle unterschiedlich reagieren und mit ihren Krankheiten unterschiedlich umgehen, individuell betreuen. Wie kann man da ein einziges Modell anwenden, vor allem wenn dieses Modell in erster Linie darauf ausgerichtet ist sicherzustellen, dass jede »Figur« marionettenhaft das tut, was sie zu tun hat? Menschen, die dafür ausgebildet wurden, anderen Menschen zu helfen, verschwinden so in einer von Kontrollzwang beherrschten bürokratischen Mühle. Es scheint, als würden wir uns mehr dafür engagieren, alles zu dokumentieren für den Fall, dass etwas falsch läuft, als dass wir auf eine menschliche Art und Weise zu vermeiden versuchen, dass tatsächlich etwas falsch läuft. Was soll denn auch schiefgehen können, so scheint man zu denken, wenn all die wertvollen »Hände am Bett« mehr Zeit in ihren Büros als mit den Patienten verbringen?

Elly hat in der Zwischenzeit aufgehört zu essen. Sie hat die Augen geschlossen, und ihr Kopf hängt nach unten. Ihren Löffel schlaff in der linken Hand, ist sie eingenickt, was immer häufiger vorkommt und mich sehr traurig macht. Diese Verfallserscheinungen werden bei ihr mit jedem Tag schlimmer und sichtbarer.

Während ich in meine Gedanken versunken bin, kommt eine Pflegerin herein. »Das ist nicht der richtige Schlüssel, hast du den für Gang drei?«, fragt sie Niels.

»Wenn meiner nicht passt, weiß ich auch nicht weiter. Aber irgendwo muss noch jemand mit einem Schlüssel herumlaufen«, sagt Niels und gibt ihr seinen.

Sie geht zurück und macht sich auf die Suche.

»Es gibt so viele Schlüssel hier«, seufzt Niels.

»Und nun auch noch für diese Schubladen. Dann müssen wir wieder einen Mitarbeiter bitten, eine zu öffnen«, sage ich. In letzter Zeit sind einige Küchenschubladen »aus Sicherheitsgründen« abgeschlossen worden, als würden meine Mitbewohner darin herumstöbern, um jemandem mit Messer und Gabel zu Leibe zu rücken. Nebenbei bemerkt: Es handelt sich um Messer, die so stumpf sind, dass man mit ihnen absolut nichts anstellen könnte.

»Diese Regeln müssen die nächsten drei Wochen eingehalten werden, dann sind die Schubladen wieder offen wie gewohnt«, erklärt Niels.

Die Menschen, mit denen meine Mitbewohner am meisten Kontakt haben, sind die Pflegekräfte, da Freunde aus der gleichen Generation oft schon gestorben sind, die meisten anderen Angehörigen und Bekannten kommen kaum zu Besuch. Heimbewohner, die jeden Tag besucht werden, kann man an einer Hand abzählen. Daher sollten die Pflegekräfte die Bedeutung des Beziehungsaufbaus zu den Bewohnern nicht unterschätzen. Es erfordert Zeit und Aufmerksamkeit, manchmal auch viel Geduld und Einfühlungsvermögen, aber es ist die Mühe wert, wenn man bedenkt, dass die Pflegekräfte manchmal der einzige Kontakt sind, den Menschen mit Demenz noch »zur Außenwelt« haben.

Glücklicherweise ist es auch möglich, die Außenwelt ins Haus hineinzuholen und das Leben von Menschen mit Demenz damit etwas angenehmer zu gestalten. In unserem Haus werden zum Beispiel regelmäßig Aktivitäten organisiert, um etwas Leben in die Bude zu bringen. Wenngleich der manchmal verpflichtende Charakter, der mit ihnen verbunden ist, noch der Verbesserung bedarf, kann es meiner Meinung nach gar nicht genug dieser Aktivitäten geben.

Jetzt, wo die Tage wieder etwas länger werden und die Temperaturen steigen, bekomme ich Lust, campen zu gehen. Zugleich frage ich mich aber, warum Menschen mit Demenz nie in den Urlaub fahren. Nachdem ich in einer kleinen Umfrage das Interesse bei meinen Mitbewohnern erkundet habe, wage ich den kühnen Schritt und frage die Heimleitung, ob ich meinen Festival-Wohnwagen aus der

Garage ziehen und auf dem Innenhof unseres Pflegeheims abstellen darf. »Wenn der Prophet nicht zum Berg kommt, kommt der Berg eben zum Propheten.«

Die Idee wird mit breitem Lächeln freudig begrüßt, woraufhin meine Mitbewohner zum ersten Mal seit langer Zeit wieder Sommerabende vor einem Wohnwagen verbringen können – Wein und tropische Musik *all inclusive*. Wie im Urlaub mit Freunden stelle ich fest, dass sich die Dynamik völlig verändert. Der neue Ort, die Musik und die Sonne sorgen für eine Entspannung und Fröhlichkeit, wie ich sie selten zuvor erlebt habe. Je wärmer der Wein in der Abendsonne wird, desto schwüler werden die Urlaubsgeschichten aus der Vergangenheit: der erste Kuss von Ad und seiner Frau, Muriel und ihre Eroberungen. Tineke genießt es mit ihrem bekannten Grinsen. Wir sitzen nur ein paar Meter von unseren Zimmern entfernt, aber es fühlt sich an, als wären wir in Südfrankreich, einfach magisch!

Etwas, das ebenfalls kaum mehr vorkommt, wenn man in einem Pflegeheim lebt, sind Besuche bei jemand anderem. Ist man erst einmal im Pflegeheim gelandet, bleibt man meistens auch dort. Ich selbst finde es allerdings sehr schön, irgendwo hinzugehen, deshalb frage ich irgendwann an einem Donnerstagnachmittag Elly: »Wen würdest du denn gern einmal besuchen?«

Ohne auch nur eine Sekunde zu zögern, sagt sie: »Meinen Sohn!«

»Gut, dann gehen wir nächste Woche deinen Sohn besuchen. Ich werde das regeln«, antworte ich begeistert, woraufhin mich Elly ungläubig anschaut.

Es bedurfte nur einer WhatsApp-Nachricht, damit Elly und ich eine knappe Woche später in meinem »blauen Wägelchen« über die Autobahn zu ihrem Sohn Marcel und seiner Frau Petra unterwegs waren. »Wie herrlich das ist, endlich draußen, überall Grün … Oh, wie ich das genießen kann«, höre ich aus dem Rollstuhl hinten im Auto.

Die Mutter-Kind-Beziehung, die sich im Laufe der Jahre entwickelt hat, wird für eine kurze Zeit umgekehrt, da Elly nun ohne die Hilfe ihrer Kinder zu ihnen kommt; sie kann die Rolle der Heimbewohnerin vollständig gegen die der Mutter eintauschen. Für eine Weile ist alles wie früher. Ich merke, dass sich etwas bei ihr verändert, denn sie verhält sich heute mir gegenüber anders: Im Auto macht sie plötzlich eine Menge Bemerkungen über meinen Fahrstil, eine Haltung, die ihr als ehemaliger Lehrerin gut zu Gesicht steht und mit mir als Leidtragendem voll zur Entfaltung kommt. »Schau du mal nach vorne«, sagt sie, als ich beim Fahren mit ihr spreche. »Nicht ganz so viel Gas geben.« »Nicht so hin und her schlingern.« Und das Beste: »Siehst du das Auto da?« – »Yes, Elly, alles unter Kontrolle …«

Wenig später sehe ich im Rückspiegel, dass Elly sich nach rechts neigt, sie blickt auf die Wiesen. »Wie schön all das frische Grün ausschaut.«

»Herrlich, nicht wahr, El«, sage ich mit einem breiten Lächeln im Gesicht.

Nach zehn Minuten kommt die Ausfahrt schon in Sicht, aber die kurze Fahrt fühlt sich wie ein besonderer Roadtrip an. »Wir müssen bald mal tanken«, sage ich.

»Ist gut«, antwortet Elly. Ich sehe, dass sie ihre Hände unter der Decke plötzlich nervös auf und ab bewegt. »Ich habe bloß kein Geld dabei«, fährt sie fort.

Ich versichere ihr, dass ich genügend dabeihabe und alles in Ordnung ist. Das ist eine Situation, die ich schon öfter miterlebt habe. Die wenigsten Menschen wissen, dass Menschen mit Demenz in Pflegeheimen nie Geld bei sich haben oder für etwas bezahlen müssen, obwohl sie das ihr ganzes Leben lang immer getan haben. Kein Bargeld zu haben verstärkt sofort das Gefühl der Abhängigkeit und der Isolation von der Gesellschaft, ein Gefühl, das sich mit ein paar Bankkarten und etwas Bargeld im Portemonnaie leicht beheben ließe. Wenn ich mit Ad im Supermarkt einkaufen gehe, sage ich an der Kasse immer: »Das geht auf mich, Ad, warum holst du uns nicht noch ein Eis?« – »Wird erledigt«, sagt er dann zufrieden. Man sollte keine große Sache daraus machen, aber doch wissen, dass es diesen Punkt gibt.

Während ich tanke, schaue ich durch das Fenster in Ellys erfreutes Gesicht; sie sieht Kindern in einem anderen Auto zu. Deren Vater tankt auch gerade, während sie am Fenster hängen und komische Grimassen ziehen.

»Ich habe auch immer solche Utrechter Frechdachse unterrichtet«, sagt Elly, als ich den Motor starte.

Über eine breite Straße in einem belebten Viertel gelangen wir zum Haus von Marcel und Petra. Das Brett für den Rollstuhl liegt schon vor der Schwelle, und hinter dem Fenster winkt uns das Ehepaar zu. Elly winkt begeistert zurück. Sie kommen heraus, und sofort wird ein Foto gemacht. Elly weint Freudentränen, ihre Gefühle überwältigen sie.

»Es gefällt ihr«, sagt Marcel.

»Erkälte dich nicht!«, lautet der mütterliche Rat, den Elly Petra gibt, die ohne Mantel draußen steht.

Wir gehen hinein, Elly kommen immer noch die Tränen vor Glück. »Wunderbar«, sagt sie mit zittriger Stimme.

»Dass du zu mir zu Besuch kommst, ist mal etwas anderes«, fügt Marcel hinzu. »Du bist wirklich ein helles Köpfchen.«

Obwohl es mit Elly abwärtsgeht und ihre Beine immer dünner werden, strahlt sie während des Besuchs wie eine energiegeladene Frau. »Es ist so schön, dass ich jetzt weiß, wo du wohnst«, sagt sie.

Eine Bemerkung, die mich berührt, weil sie deutlich macht, wie weit Elly vom normalen Leben entfernt ist. Natürlich möchte man als Mutter wissen, wo sich das Haus seiner Kinder befindet, auch wenn man es ab und zu wieder vergisst. Obwohl ihr Sohn seit mehr als dreißig Jahren hier lebt, kann sich Elly nicht daran erinnern, öfter hier gewesen zu sein. Sie findet das Haus sehr ordentlich. »Du hast sicher Tag und Nacht geschuftet, damit es so aussieht.« Ellys Humor kehrt zurück.

»Es ist mal wieder so richtig schön gemütlich«, bemerkt Petra.

Elly schaut sich aufmerksam um, während sich Marcel neben sie setzt und ihre Hand hält. Im Wohnzimmer erklingen französische Chansons, die Musik, die Ellys verstorbener Mann so gerne hörte. »Ich finde das so schön«, schluchzt sie.

Marcel fragt, ob sich Elly freut, hier zu sein. Die Antwort ist ganz klar: »Ich finde es so nett, so … Ich bin einfach zu Besuch bei meinem Sohn. Ich habe immer schon gedacht: Wie wird es jetzt wohl sein?«

Das Foto von Elly im Auto wurde inzwischen an die ganze Familie weitergeleitet. »Sjors lässt auch grüßen«, sagt Petra. Das ist Ellys Enkelsohn.

Elly schaut stolz.

»Glückstränen«, sagt Marcel.

»So ist es«, sagt Elly.

»Wenn du noch ein bisschen weitermachst, fang ich auch an«, sagt Petra.

Nach und nach sprechen wir über alle Familienmitglieder; am Ende weiß Elly über jede und jeden Bescheid. Ihre Augen sind weit offen. Ich habe schon lange nicht mehr gesehen, dass sie so klar auf ihre Umgebung und die Menschen um sie herum reagiert. Ihr Gesundheitszustand verschlechtert sich zunehmend, aber von diesem Besuch geht eine enorme Kraft aus. Die Familie verleiht ihr neue Energie und macht sie deutlich wieder zu der Person, die sie ist: eine starke, lustige Frau und eine stolze, strahlende Mutter und Großmutter. Für einen Moment bin ich Teil des Glücks, in seiner reinsten und zerbrechlichsten Form. Eine Erfahrung, die ich nicht vergessen werde.

Natürlich will ich nun nicht predigen, dass die Mitarbeiter im Pflegeheim solche Besuche organisieren sollten, denn das ist ganz unmöglich. Viele meiner Follower in den sozialen Medien denken, dass ich dafür bezahlt werde, schöne Dinge mit Menschen mit Demenz zu unternehmen. Wenn das mal so wäre! Dann hätte ich nicht nur den allerschönsten Job der Welt, sondern könnte auch noch meine Rechnungen davon bezahlen. Alles, was ich für meine Stiftung tue, tue ich ehrenamtlich, weil es mir Spaß macht und mir wichtig ist. Neben meinem Studium arbeite ich auch ein paar Stunden als Pfleger, wofür ich natürlich bezahlt werde, damit ich meinen Studienkredit nicht noch weiter erhöhen muss. Aber wer könnte diese Besuche machen? Nun, politisch korrekter als hier werden meine Antworten in diesem Buch nicht ausfallen: wir als Gesellschaft.

Die ersten, die dafür infrage kommen, sind natürlich die Familie und die Angehörigen von Menschen mit Demenz. Ihnen möchte ich zurufen: Helfen Sie! Neben dem medizinischen Personal des Pflegeheims haben Sie das meiste Mitspracherecht, sodass Sie auch die Möglichkeit haben, ab und zu über die Stränge zu schlagen. Ein Tipp dazu: Versuchen Sie, die Mitarbeiter der Abteilung im Voraus in Ihren Plan einzubeziehen, sonst stoßen Sie schnell gegen eine Mauer. Laden Sie Ihren Vater, Ihre Mutter, Ihren Bruder, Ihre Schwester, Ihren Opa, Ihre Oma, Ihren Freund oder Ihre Freundin, eine Bekannte oder einen alten Nachbarn zu sich nach Hause ein. Einfach zu einem Kaffee, einem Stück Kuchen, zum Geburtstag, zum Abendessen, zu einer Hochzeit, einer Geburt oder einer Beerdigung. Machen Sie Ihre Lieben wieder zu einem Teil Ihres Lebens, wenn das jetzt nicht der Fall ist. Fragen Sie, ob Sie einen Wohnwagen für eine Woche in die Nähe des Pflegeheims stellen dürfen, und gehen Sie gemeinsam campen. Fragen Sie, ob Ihre Haustiere auch einmal im Garten spielen dürfen. Fragen Sie, ob Sie für einen Geburtstag ein Grillfest im Garten organisieren können.

Was immer Sie tun, beziehen Sie bitte meine lieben Mitbewohner und die vielen anderen, die mit Demenz leben müssen, wieder in das normale Leben mit ein. Bleiben Sie hartnäckig und beharrlich. Und sollte das nicht gelingen oder nicht möglich sein, dann – das meine ich wirklich ernst – senden Sie mir eine E-Mail oder eine Nachricht über WhatsApp, Facebook, Instagram oder LinkedIn. Ich werde dann sehen, was ich tun kann. Aber ich hoffe, das ist nicht notwendig. Ich hoffe, dass alle Pflegeheime in den Niederlanden gemeinsam mit uns schauen wollen, wie wir solche Ideen möglich machen und selbst dabei helfen können, sie zu verwirklichen.

Pflegeeinrichtungen und die Pflegekräfte müssen nicht alles selbst regeln, aber ohne sie geht nichts. Daher auch ein Appell an Ihre Adresse: Helfen Sie! Machen Sie eine inklusivere Gesellschaft möglich, indem Sie Ihre Türen öffnen,

Familienmitglieder und Angehörige bei ihren Ideen unterstützen und selbst Lösungen vorschlagen, wenn Heimbewohner oder Abteilungen in einem Heim Gefahr laufen, sich von der Außenwelt zu isolieren. Nur Sie haben die Macht und die Schlagkraft, Veränderungen innerhalb des Pflegeheims zu initiieren. Nutzen Sie diese Macht und Schlagkraft, um frischen Wind hineinzubringen und eine humanere Pflege zu schaffen, denn das ist möglich.

Und schließlich gibt es die Menschen, die schon von selbst die Außenwelt hineinbringen: die Ehrenamtlichen. Auch Sie, die dafür weder ein Gehalt bekommen noch in der Verantwortung stehen, möchte ich bitten: Helfen Sie! Aber nicht, bevor ich Ihnen aus tiefstem Herzen gedankt habe, denn Sie sind Gold wert! Für uns als Heimbewohner, für die Pflegemitarbeiter und für die Familien. Ohne jede Gegenleistung versuchen Sie, das Leben von Menschen mit Demenz angenehmer zu machen, was wirklich bewundernswert ist. Das große Problem ist nur: Wir brauchen noch mehr heldenhafte Menschen wie Sie. Jeder, der dies liest und etwas tun möchte, kann sich als ehrenamtlicher Mitarbeiter melden und mitmachen. Gerade weil Sie von außen kommen, bringen Sie neue Geschichten und Welten ins Heim, und das brauchen wir. Ob jung oder alt, wenn Sie Zeit und Lust dazu haben, das Leben der Menschen zu bereichern, dann kommen Sie vorbei!

Wenn ich meinen Mitbewohnern glauben darf, war früher alles besser. »Wir haben uns noch umeinander gekümmert.« – »Die Familie war früher wirklich wichtig.« – »Früher hat man älteren Menschen noch zugehört.« Aber ich selbst glaube nicht an eine bessere Vergangenheit, ich glaube an eine bessere Zukunft. Und ich hoffe, Sie auch.

STILLE NACHT

»Teun, du rufst aber spät an.«

Während ich spüre, wie die eisige Kälte meine Hände erfasst, breche ich in Tränen aus. Ich stehe zitternd irgendwo an einem Radweg. Gerade habe ich Justus angerufen, den ich seit einem halben Jahr kenne. Unser Kontakt hat sich zu einer echten Freundschaft entwickelt. Er ist eigentlich der einzige Mensch, dem ich erzähle, wie es im Pflegeheim so läuft, denn ich habe Angst, dass meine Mutter oder andere Freunde sich jeden Tag um mich sorgen würden, wenn sie mitbekämen, wie es mir geht.

»Teun … bist du noch dran?«

»Ja …«, sage ich durch meine Tränen hindurch.

»Ist etwas Schlimmes passiert?«

Ich seufze tief und sage: »Ich kann nicht mehr, wirklich nicht. Ich muss da weg! Ich habe mir mein Fahrrad geschnappt und bin losgeradelt, und … und jetzt …«

»Immer mit der Ruhe.« Justus' warme, dunkle Stimme beruhigt mich sofort ein wenig. »Das ist doch nur logisch, Mann, du bist einundzwanzig. Da ist es doch kein Wunder, dass du hin und wieder aus einem Pflegeheim ausbrechen willst. Sei nicht so streng gegen dich selbst. Deine Mitbewohner sind verrückt nach dir.«

»Ja, aber …«, beginne ich frustriert und schaue mich um, ob mich auch niemand hört. Alles, was ich sehe, sind eine dicke Nebelschicht über dem Boden und das diffuse Licht der nächsten Laterne in einiger Entfernung. »Tut mir leid, ich wollte mich eigentlich nicht mitten in der Nacht bei dir abreagieren, aber ich fühle mich nicht mehr willkommen. Ich habe das Gefühl, dass die Pflegekräfte mich nicht mögen.«

Justus schweigt einen Moment, ich spüre, wie er nachdenkt. »Nein«, sagt er ruhig, »das kann ich mir nicht vorstellen. Weißt du, was ich glaube, um was es sich hier handelt? Sie haben vielleicht Angst vor dir.«

Angst? Vor mir? Das fehlt mir gerade noch! Während ich hektisch auf mein Fahrrad springe, um die Eiseskälte und die Wut loszuwerden, sagt Justus: »Teuntje, du kommst als Pfleger in ein Pflegeheim, um dort zu wohnen, du sagst auf einmal deine Meinung über Dinge, die schon seit Jahren so laufen, und du bringst das alles auch noch detailliert aufs Tapet. Was denkst du dir denn? Dass sie vor Freude über dich Luftsprünge machen? Ich würde auch denken, dass du ein Spion oder so etwas bist. Oder zumindest ein besserwisserischer junger Rotzlöffel, der mich bei meiner Arbeit stört und mich nervt, weil er mir ständig auf die Finger schaut.« Justus triezt mich ein bisschen, was der beste Weg ist, um mich dazu zu bringen, die Dinge zu relativieren. »Sprich an, was dich wurmt, und frag sie, was sie von dir halten, das entspannt die Lage. Geh schlafen, Teun. Mach dir nicht so viel Druck und … Schlaf schön!«

Ich stecke meine verfrorene Hand mit dem Telefon in die Tasche meines Wollmantels. Durch den Schneeregen sehe ich die Lichter der Stadt glitzern. »Alles wird gut, Teun«, sage ich laut zu mir selbst und radele wehmütig, aber erleichtert in die winterliche Nacht hinein.

In den folgenden Tagen lasse ich es etwas ruhiger angehen. Außerdem versuche ich, die neue Lebensweisheit »Gefühle auf der Station ansprechen« vorsichtig in die Praxis umzusetzen. Die Reaktionen überraschen mich. Ich hatte mit erstaunten oder empörten Gesichtern gerechnet, nun bemerke ich jedoch, dass den Pflegekräften die Gespräche eher gefallen und sie plötzlich mehr Interesse an mir und meinen Beobachtungen zeigen. Meine Annäherung führt nicht nur zu einer positiveren und gleichrangigeren Beziehung, sondern macht auch deutlich, dass die Kluft zwischen Bewohnern und Pflegekräften nicht nur von den Bewohnern, sondern auch von Pflegekräften sehr stark empfunden wird.

In unseren Gesprächen höre ich immer öfter, dass auch sie sich in ihrer Rolle, die fast ausschließlich auf das Erledigen von Aufgaben festgelegt ist und für die menschliche Seite kaum Freiraum lässt, machtlos fühlen. »Wir haben keine Zeit, uns wie du mit den Leuten nett zusammenzusetzen«, sagen sie frustriert. »Ich bin schon froh, wenn ich meine ganze Arbeit erledigt kriege. Daran, einen Spaziergang oder einen Ausflug zum Supermarkt mit einem Bewohner zu machen, ist gar nicht zu denken!«

Viele meiner Kollegen werden dieses Problem kennen, das im Pflegesektor als »Arbeitsstress« bezeichnet wird. In den Medien hört man oft davon, aber in meiner Rolle als Heimbewohner habe ich dessen Auswirkungen noch besser begriffen als zuvor als Pfleger. Wenn man den ganzen Tag Aufgaben erledigen muss und nie Zeit für Spaß oder ruhige Momente mit den Bewohnern hat, bekommt man natürlich das Gefühl, seinen Job nie gut machen zu können. Dadurch wird einem langsam die Freude an der Arbeit genommen, an ihre Stelle tritt Stress, bis man irgendwann völlig ausgelaugt auf der Couch landet.

Unterdessen zeigt die ungesunde Arbeitsbelastung erste Konsequenzen, denn nicht nur der Krankenstand in der Pflege hat ungekannte Ausmaße erreicht, es herrscht auch ein eklatanter Personalmangel.[9] Platt gesagt: Pflege gilt nicht als sexy, schon gar nicht die Pflege von Menschen mit Demenz. Ich verstehe das, denn wenn man den Kern des Berufes wegnimmt, was bleibt dann noch übrig? Wenn sich das Sorgen für Menschen in ein *Ver*sorgen von Menschen wandelt, tun dann Pflegemitarbeiter eigentlich nichts anderes mehr, als Menschen am Leben zu erhalten? Ist es das, worum es bei der Arbeit im Pflegeheim geht? Wohl kaum, oder?

Die Bewohner in einem Pflegeheim wollen ungeachtet ihrer Krankheiten und Einschränkungen als Menschen anerkannt und nicht auf eine Patientenrolle reduziert werden. Daher sollte die Gesundheitspolitik dafür Sorge tragen, dass Pflegekräfte die Zeit und den Raum haben, das zu tun, was sie am besten können: für Menschen zu sorgen – für ihre Gesundheit und ihren Körper, aber vor allem für ihr Glück.

Wir durchleben gerade die verrückten Tage vor Weihnachten. Dabei wird mir zum ersten Mal bewusst, dass die »besinnlichen« Feiertage in meinem neuen Zuhause eine ganz andere Bedeutung haben. Hier und da werden Girlanden aufgehängt, aber eigentlich scheint das Weihnachtsfest an den meisten meiner Mitbewohner vorbeizugehen. Kein Wunder, denn ohne Familie bleibt vom besinnlichsten Familienfest des Jahres nicht viel übrig. Der eine oder andere hat Glück und bekommt ein Weihnachtsgesteck für das Fenster geschenkt, nur wenige werden sich tatsächlich an Weihnachten bei ihren Familien an den Tisch setzen. Traurig ist das einzige Wort, das mir dazu einfällt.

Die große Frage, mit der wir alle jedes Jahr zu kämpfen haben, ist natürlich: An welchem Tag feiern wir wo? Obwohl ich dieses Jahr keine »Schwiegereltern« habe, fällt mir die Wahl nicht weniger schwer, denn ich habe hier mit meinen Mitbewohnern eine neue Familie gewonnen. Ich beschließe, die Feiertage bewusst in meinem neuen Zuhause zu verleben und zum Aufwärmen nur den Heiligabend bei meiner »anderen« Familie in Brabant zu verbringen.

Wie bei den meisten Familien in unserem Land gibt es Wein und Essen in Hülle und Fülle, sodass ich am ersten Weihnachtsfeiertag mit einem gehörigen Kater am Hauptbahnhof in Utrecht ankomme. Auf dem Weg zum Heim sehe ich auf der anderen Seite der Kreuzung Sjaan, Piets Frau, die mit dem Rad unterwegs ist; wir kommen gleichzeitig am Pflegeheim an.

»Das ist mein erstes Weihnachten allein«, sagt Sjaan sofort. Piet ist letztes Jahr zum Jahreswechsel hierhergezogen.

Ich frage, ob es schwer für sie ist.

»Ja«, antwortet sie mit einem traurigen Blick, und für einen Moment wirkt es so, als würde es ihr zu viel. Sie schweigt kurz, doch dann erscheint ein Lächeln auf ihrem Gesicht. »Aber … heute kann ich zum Glück bei euch mitessen.«

Piet hat als Einziger der Wohngruppe noch einen Ehepartner. Die meisten Pflegeheimbewohner sind Frauen; aufgrund der durchschnittlich niedrigeren Lebenserwartung der Männer sind meine Mitbewohnerinnen in der Regel verwitwet. Dieser Unterschied in der Lebenserwartung hat sich in den letzten Jahrzehnten allerdings um einiges verringert.

Wir gehen gemeinsam zum Haupteingang. Ich finde es schön, dass Sjaan als Familienmitglied zu unserem Weihnachtsessen eingeladen worden ist, eine Ausnahme, die meiner Ansicht nach zur Regel werden sollte. Auf diese

Weise sind weder Piet noch Sjaan allein, ein doppelter Erfolg also. Als wir auf die geschlossene Station kommen, bin ich angenehm überrascht, welch gute Stimmung hier bereits herrscht. Wir hören Mitarbeiter lachen, es läuft Musik, und alle sehen prächtig aus. Das größte Glück ist für mich eine winkende und sichtlich erholte Elly. In den letzten Tagen ging es ihr so schlecht, dass sie kaum aus dem Bett kam und ihre Tochter gedanklich schon mehrfach Abschied von ihr genommen hat.

»Wie schön, dass ich dich wiedersehe«, sage ich zu Elly, während ich sie umarme.

»Sehr schön«, sagt Elly.

Schon bald dürfen wir uns zum festlichen Dinner, das hier mittags stattfindet, an den Tisch setzen. Alles ist fantastisch organisiert. Der Tisch ist sorgfältig gedeckt, und sogar der Sehschwäche einiger Bewohner wird durch die Verwendung kontrastreicher Farben Rechnung getragen.

»Und, sehe ich hübsch aus?«, fragt Leny und fährt sich mit den Händen durch ihr graues Haar. Sie setzt sich mir gegenüber und mustert mich von Kopf bis Fuß. »Du siehst auch gut aus, wie ein richtiger Herr.« Mein Anzug trifft offensichtlich ihren Geschmack.

Dann kommt Tineke und setzt sich neben Leny. Eine Mitarbeiterin hilft ihr dabei; in sanftem Ton begleitet sie Tineke zu ihrem Stuhl. »Sie ist immer nett und setzt sich immer neben mich«, sagt Leny, auf Tineke deutend.

Wie am Abend zuvor bei meiner Mutter gibt es reichlich Essen, das von einer der fröhlichsten Mitarbeiterinnen unserer Station feierlich serviert wird. Sie ist wirklich ein Vorbild für mich, und das nicht nur, weil sie in meinem Alter ist oder weil ich bei ihr eine spürbare Leidenschaft für Menschen mit Demenz wahrnehme; mir fällt vor allem auf, dass sie meinen Mitbewohnern viele Entscheidungen überlässt und so die heiß begehrte »Eigenregie« in ihre Hände legt, wirklich ein großes Talent!

Nachdem sich alle kugelrund gefuttert haben und wir uns die Schokolade aus den Mundwinkeln wischen, schlägt Ad vor, die Küche aufzuräumen. Eine Tätigkeit, um die er sich normalerweise nicht gerade reißt, aber heute ist ja auch kein gewöhnlicher Tag. Stolz koordiniert er das Ein- und Ausräumen der Geschirrspülmaschine und hat ein wachsames Auge auf alle. Alle Viertelstunde trötet er mir danach »Ist das Geschirr schon fertig?« ins Ohr, offensichtlich schaut er mir gern zu beim Ausräumen der Geschirrspülmaschine. Es tut mir gut, ihn so aktiv zu sehen.

Ich bin davon überzeugt, dass jeder einen Beitrag zur Hausarbeit im Pflegeheim leisten kann, aber leider verbringen meine Mitbewohner weite Teile des Tages nur passiv: sitzen, essen und ab und zu mal eine Aktivität. Wir sollten das wirklich gemeinsam tun, die Mitarbeiter gemeinsam mit den Angehörigen und den Bewohnern. Wir sollten uns nicht darauf beschränken, die Außenwelt in das Pflegeheim hereinzubringen, sondern auch dafür sorgen, dass normale Dinge, die jeder zu Hause tut – kochen, Tee oder Kaffee zubereiten, staubsaugen, Fenster putzen, Wäsche waschen –, Teil des Lebens der Bewohner bleiben. Das aktiviert sie und trägt zu der Atmosphäre bei, die man in einem Pflegeheim schaffen will, die Atmosphäre von einem Zuhause. Und ist es nicht schön, wenn ein Mitbewohner gern den Abwasch macht, während sich eine Pflegekraft einfach dazusetzen kann, um zu chillen und mit ihm zu plaudern?

Im Laufe des Tages kommen noch andere Mitarbeiter dazu. Am Nachmittag, nach dem festlichen Weihnachtsessen, wird der englischsprachige Sender TLC eingeschaltet.

Meine Mitbewohner scheinen sich nicht sonderlich dafür zu interessieren, umso mehr aber die neueste Zeitmitarbeiterin.

Neben mir steht Elly. Sie hat ihren Rollstuhl selbst kunstvoll zwischen den Stühlen hindurchmanövriert. Den ganzen Tag war sie noch so fröhlich, aber jetzt höre ich sie hin und wieder schluchzen. Besorgt frage ich, was los ist.

»Ich habe Angst. Es ist schon dunkel, und ich muss noch zu meinem Vater.«

In letzter Zeit spricht sie immer öfter von ihrem Vater.

Ich kann ihren Gedankengang in dem Moment nur allzu gut nachvollziehen. Sie hat mir schon häufiger anvertraut, dass sie Angst im Dunkeln hat, und natürlich sollte Elly an Weihnachten eigentlich bei ihren Eltern sein. Sie ist katholisch erzogen worden, und Weihnachten hatte in ihrer Familie eine große Bedeutung.

Mit einiger Aggressivität in der Stimme packt Elly mit beiden Händen den Gurt um ihre Taille. »Weißt du, was das Schlimmste ist? Das. Das kann ich nicht ausstehen.«

Die Zeitmitarbeiterin hört Elly reden und wirft ihr einen mitleidigen Blick zu. Dann zieht sie die Vorhänge zu.

Elly ergreift meine Hand und beginnt zu weinen. »Schwester, ich kann nicht mehr, ich kann nicht mehr, ich kann nicht mehr … Ich fühle mich so … so … so gefangen.« Sie ist wirklich untröstlich, und ich kann ihren Kummer und ihren Frust quasi körperlich spüren. »Sie wollen mich einsperren. Ich weiß nicht, wie ich das aushalten soll. Es ist, als ob ich tot wäre.«

Der Gurt frustriert mich auch. Es gibt einen grünen Knopf daran, mit dem er sich öffnen lässt, aber das erfordert viel mehr Kraft, als eine ältere Person normalerweise aufbringen kann. Für Elly ist es daher unmöglich, ihn selbst zu öffnen. Ich beuge mich zu ihr hinunter und löse den Gurt mit einiger Mühe. Das ist etwas, das ich als Mitbewohner eigentlich nicht tun will, aber ihre Worte sind mir so zu Herzen gegangen, dass ich nicht anders kann. Elly entspannt sich sofort und legt ihren Kopf an meine Schulter.

Die Zeitmitarbeiterin hat die Interaktion mitbekommen. »Sie sind an dich gewöhnt«, sagt sie voller Bewunderung. Ein nettes Kompliment, aber es ändert nichts an der harten Realität, dass ich innerhalb kurzer Zeit mitbekam, wie zwei Pflegekräfte machtlos und traurig mitansehen mussten, wie Elly um ihre Freiheit kämpfte. Eine Erkenntnis, die die warme Weihnachtsstimmung abrupt bis unter den Gefrierpunkt abkühlt. Wie kann es sein, dass sowohl die Bewohner als auch das anwesende Pflegepersonal zwar gegen diese freiheitsbeschränkende Maßnahme sind, dass Elly den Gurt aber trotzdem weiterhin tragen muss? Ich weiß, dass die Initiative manchmal von Familienmitgliedern ausgeht – sie möchten beispielsweise eine solche fixierende Maßnahme, um ihre Mutter oder ihren Vater vor einem Sturz zu bewahren –, aber das ist bei Elly nicht der Fall. Ich denke übrigens, das Ergebnis fiele ganz anders aus, wenn ich die betreffenden Angehörigen fragen würde, was sie sich selbst in einer ähnlichen Situation wünschen würden: den ganzen Tag an einen Rollstuhl gefesselt sein oder lieber frei herumlaufen und dabei das Risiko eines Sturzes in Kauf nehmen? Die Antwort liegt für mich auf der Hand, denn sich bewegen zu können ist eine so grundlegende Freiheit im Leben.

Warum sollte ich nicht wählen dürfen, lieber leben zu wollen, möglicherweise zu stürzen und vielleicht daran zu sterben, statt tiefunglücklich im Rollstuhl dahinzusiechen … und dann trotzdem zu sterben? Warum sollte eine Krankheit, eine Störung, oder wie immer man Demenz auch nennen will, die betroffene Person darauf festlegen, sich nicht für Risiken entscheiden zu können, die in einem gesunden Leben selbstverständlich sind? Wie kommt es, dass ich bei klarem Verstand alles tun darf, was Gott mir verboten hat, egal wie gefährlich es auch sein mag, während ich mit Demenz nicht einmal entscheiden kann, ob ich zu Fuß gehen will? Ich glaube nicht, dass irgendjemand das Recht hat, einem diese Wahlmöglichkeiten zu nehmen, niemand!

Damit es in Zukunft also keine Missverständnisse gibt, möchte ich ganz klar sagen: Sollte ich, Teun Toebes, jemals eine Form von Demenz bekommen, möchte ich weiterhin zu Fuß gehen. So lange, wie meine Füße mich tragen. Und wenn sie das nicht mehr tun, dann ist es in Ordnung, vollkommen in Ordnung. Denn dann bin *ich* es gewesen, der gelebt hat bis zum letzten Atemzug …

Ich bin doch nicht verrückt

»So komme ich wenigstens noch irgendwohin«, sagt Janna Veenstra, während sie mit ihrem Elektromobil in mein Zimmer fährt. »Und ich bin die Einzige hier auf der Station, die keine Demenz hat«, fügt sie schnell hinzu.

»Ah! Hallo, Janna!«, stammele ich, überrascht von der Schärfe ihrer Bemerkung. »Natürlich weiß ich, dass du keine Demenz hast. Kaffee?«

Die Faustregel im Umgang mit Menschen mit Demenz lautet, sich ihnen nicht unnötig zu widersetzen, sondern sich in der Welt mitzubewegen, die sie beschreiben. Das ist ihre Realität, und wenn man dagegen angeht, bringt man sie aus dem Gleichgewicht, was zu Stress, Panik oder Ärger führen kann. Also geht man mit, auch wenn jemand in einer geschlossenen Abteilung eines Pflegeheims sagt, er oder sie wohne dort nicht.

Aufgrund des Stigmas, das mit Demenz verbunden ist, schämen sich die Bewohner oft, zu »dieser Gruppe« zu gehören, und tun meist so, als seien sie noch »klar bei Verstand«. Was in meinen Augen die Demenz noch trauriger macht. Zu der Aussichtslosigkeit, etwas dagegen tun zu können, kommt nun auch noch das Gefühl hinzu, dass alle Welt einen für verrückt hält.

Jannas Behauptung gehört allerdings zu den seltenen Ausnahmen, die sich durchaus als richtig erweisen. Sie leidet unter körperlichen oder somatischen Problemen, wie das so schön heißt. Sie wohnt hier schon eine ganze Weile und hängt sehr an ihrem Fleckchen im Heim. Als sie hörte, dass die Abteilung komplett umstrukturiert werden sollte, um Platz für Menschen mit Demenz zu schaffen, war ihre Antwort klar: »Ich bleibe, wo ich bin.«

»Liest du gerne?«, frage ich, als ihr Blick auf meinen Schrank fällt.

»Ja, aber andere Dinge. Keine Bücher über ... Alzheimer«, liest sie laut vor. Sie sieht mich an und fährt sarkastisch fort: »Was für heitere Bücher, die passen ja gut hierher.«

Diese Bemerkung macht deutlich, wie tief das Demenzstigma in unserer Gesellschaft – sogar in unserer eigenen Station – verwurzelt ist. Selbst hier in diesem Pflegeheim, wo alle hilfsbedürftig sind, auch Janna selbst, scheint es eine Hackordnung zu geben. Ich finde diese Beobachtung schockierend, denn gerade dieser Ort sollte doch ein sicherer Hafen für Menschen mit Demenz sein. Aber ich kann Janna nicht wirklich vorwerfen, dass sie so denkt. Im Grunde ist sie eine sehr warmherzige und unglaublich liebe Frau, aber sie möchte anderen »gesunden« Menschen, in diesem Fall mir, nicht den Eindruck vermitteln, dass sie hierhergehört. Das Stigma ist scheinbar so groß, dass selbst die liebe Janna, aus Angst davor, was ich von ihr denken könnte, kurzzeitig zu einem harten Knochen mutiert. Unglaublich, oder?

Wie sich der Zustand von Menschen verschlechtert und wie sie leiden, kann brutal und beunruhigend sein, aber es sind die Symptome der Krankheit und keine persönlichen Unzulänglichkeiten. Ich möchte mich nicht zu sehr auf die extremen Symptome der Krankheit konzentrieren, denn das wird der Lebensweise von Menschen mit Demenz keinesfalls gerecht und bestärkt nur das tiefschwarze Stigma, mit dem sie behaftet sind. Wie schon erwähnt, kommt es ziemlich selten vor, dass Menschen mit Demenz mit den eigenen Fäkalien herumschmieren, überhaupt nichts mehr wissen oder verrücktes oder aggressives Verhalten an den Tag legen. Solche Symptome können in einem sehr fortgeschrittenen Stadium der Demenz auftreten, aber sechs von sieben Menschen mit Demenz sterben, bevor sie dieses Stadium erreicht haben, an anderen Krankheiten, die auch in der »normalen« Gesellschaft auftreten.[10] Wie kann es sein, dass nur die Exzesse das Bild der Krankheit bestimmen? Liegt es an der Medienberichterstattung oder an mangelnder Aufklärung und Sensibilisierung? Und was noch viel wichtiger ist: Wie können wir das Stigma beseitigen, um Raum für andere Betrachtungsweisen von Menschen mit Demenz und einen anderen Umgang mit ihnen schaffen zu können?

Lassen Sie uns damit beginnen zu überlegen, wie wir Demenz zu etwas möglichst Normalem machen können, damit sich die Scham und das Schweigen auflösen und ein ernsthaft interessierter Dialog beginnt. Eine warmherzige Gemeinschaft – beispielsweise aus pflegenden Angehörigen, Verwandten, Bekannten, Sportkameraden und Kollegen – kann so viel zum Glück von Menschen mit Demenz beitragen. Sie alle können dabei helfen, das Thema zur Sprache zu bringen, und erkunden, wie sie auf eine liebevolle Art mit den Beschwerden umgehen können. Denn wenn die Menschen in ihrem Umfeld das schon nicht können, wie schwer wird es dann erst für Außenstehende sein? Laufen Sie also bitte nicht davor weg! Damit isolieren Sie nämlich nicht nur den an Demenz erkrankten Menschen, sondern auch seinen Partner oder die Partnerin und die Angehörigen, für die die Pflege ohnehin oft schon schwer genug ist. Reden Sie miteinander, auch mit dem Menschen mit Demenz, und nicht übereinander. Sprechen Sie miteinander darüber, was Sie schwierig oder stressig finden, aber verlieren Sie dabei auch nicht aus dem Blick, was alles noch möglich ist. Haben Sie Spaß miteinander. Das Leben hört mit der Diagnose nicht auf; im Durchschnitt lebt ein Mensch danach noch acht Jahre.[11] Sorgen Sie also dafür, dass Sie diese Zeit gemeinsam so erfüllt wie möglich gestalten.

Außerdem sollten wir uns darum kümmern, dass Kinder möglichst früh mit Menschen, die an Demenz erkrankt sind, in Kontakt kommen, nicht allein, um künftigen Generationen ein anderes Bild von diesen Menschen zu vermitteln, sondern auch, um ihre soziale Isolation zu durchbrechen. Meine Mitbewohner würden es fantastisch finden, wenn eine Grundschulklasse zum Keksebacken käme. Das pure Lebensglück von Kindern inspiriert gerade diejenigen, die sonst so wenig inspiriert werden. Also, liebe Leserinnen und Leser aus dem Bildungsbereich, denken Sie nicht nur an den Streichelzoo oder das Schwimmbad, sondern machen Sie einen Schulausflug zu den Omas und Opas, um mit ihnen gemeinsam etwas Schönes zu unternehmen. Lassen Sie die Kinder den Großeltern in der Schule vorlesen oder legen Sie die Route des Wandertages durch die Flure des Pflegeheims. Auf diese Weise erhalten die Kinder nicht nur ein realistischeres Bild von Demenz, auch das beängstigende Stigma wird so abgebaut und hoffentlich verschwinden.

Doch die größte Aufgabe kommt, wie so oft, auf die Politik zu. Sie muss die Inklusion von Demenz voranbringen, was an sich schön klingt, aber in Wirklichkeit eine knallharte Notwendigkeit ist. In zwanzig Jahren wird sich die Zahl der an Demenz erkrankten Menschen weltweit verdoppelt haben, auch bei uns. Es ist nicht mehr fünf vor, sondern fünf nach zwölf. Wenn die Politik jetzt keine Maßnahmen ergreift, um dem Thema Demenz Priorität zu verleihen, werden mit Sicherheit verheerende Situationen auf uns zukommen. Nicht nur, dass es an geeigneten Unterkünften mangelt, es leben auch drei Viertel der Menschen mit Demenz zu Hause, sodass die ganze Gesellschaft hier die Folgen davon spüren wird. Menschen mit Demenz werden in zwanzig Jahren zum normalen Straßenbild gehören. Die schreckliche Stigmatisierung, die heute noch vorherrscht, kann dazu führen, dass sich diese riesige Gruppe von Menschen (in dreißig Jahren fast drei Millionen in Deutschland) als Bürger zweiter Klasse in der Gesellschaft bewegt. Man kann nicht wollen, dass diese Gruppe von Menschen völlig vom gesellschaftlichen Leben abgeschnitten wird, unglücklich zu Hause sitzt und massiven Druck auf das soziale Leben und alle Facetten der Pflege ausübt.

Zu wünschen ist vielmehr, dass Demenz in zwanzig Jahren kein Schimpfwort mehr ist und wir Menschen mit Demenz als vollwertige Mitglieder der Gesellschaft sehen, an deren gesellschaftlichem und beruflichem Leben sie, ohne sich zu schämen, so lange wie möglich teilhaben können. Sie denken jetzt vielleicht: Tja, nette Vision, Teun, aber das werden wir nicht schaffen. Dann sage ich: Die Wahl liegt ganz bei Ihnen. Denn das Bild, das ich gerade gezeichnet habe, ist auch das Ihrer Zukunft. Ganz gleich, ob Sie heute Bundeskanzlerin oder Schüler, arm oder reich sind – *eines* ist gewiss: Sie werden mit Demenz zu tun bekommen. Wählen Sie also lieber das erste oder das zweite Szenario?

Ein paar Wochen später komme ich in den Aufenthaltsraum und sehe dort wieder einmal Janna sitzen, aber nicht so wie erwartet; fast leblos hängt sie über ihrem Teller mit Grünkohl. Ich gehe auf sie zu und streichle ihr sanft über den Rücken: »Hallo, Janna, wie geht es dir?«

Verwirrt und langsam richtet sie sich auf und blickt mich mit stumpfem Blick an. »Ach, du bist es. Ich habe dich nicht richtig gesehen«, sagt sie mit leiser Stimme.

Ich stelle meine Einkaufstüten auf den Boden und setze mich auf den Stuhl neben ihr.

»Ich würde mir wünschen, dass das eine Ende hätte«, sagt Janna sofort.

Ich bin erschrocken und frage sie, ob ich das richtig verstanden habe.

»Ja«, sagt sie mit einem tiefen Seufzer, »das ist doch so kein Leben mehr.«

Ich muss schlucken, wir sehen uns an. »Würdest du vielleicht gern in meinem Zimmer mit mir weiterreden?«

Darüber muss sie nicht lange nachdenken. »Ja, lass uns das tun.« Sie versucht, sich zu bewegen. »Aber dann musst du mir beim Aufstehen helfen.« Ich sehe, dass ihr ausgemergelter Körper beim ersten Versuch aufzustehen fast alle Energie verbraucht hat. Ich schiebe den Stuhl ein Stück zurück und fasse sie am Oberarm. Mit ihrer verbliebenen Kraft hält sich Janna am Tisch fest, zieht sich daran hoch und hievt sich in ihr Elektromobil. »So … das hätten wir geschafft«, sagt sie einigermaßen erstaunt.

Auf dem Weg zu meinem Zimmer höre ich, wie die Pflegerin fragt, ob Janna etwas gegessen hat. »Ein bisschen«, lautet Jannas eigene Antwort.

»Kommst du mit in mein Zimmer?«, frage ich noch einmal, denn Janna fährt in die falsche Richtung. Als sie in mein Zimmer kommt, ist sie mit ihren Fahrkünsten völlig am Ende. Ruckend und stoßend fährt sie mit ihrem Elektromobil erst gegen den Türpfosten und dann gegen meinen Schrank. Schließlich kommt sie neben dem Sofa zum Stehen. Die unternehmungslustige und pfiffige Frau, die ich bisher als Janna kannte, ist verschwunden.

»Ich weiß nicht, was mit mir los ist, und es kann ihnen doch allen egal sein, ob ich etwas esse oder nicht. Weißt du, was ich will?«, fragt mich Janna.

Ich kann es mir denken, sage es aber nicht.

»Dass es zu Ende geht«, fährt sie fort. »Dafür bin ich jetzt fast neunzig Jahre alt geworden. Ich hatte ein schönes Leben, aber jetzt nicht mehr.«

Eine Zeit lang ist es still, von Weitem höre ich den Fernseher im Aufenthaltsraum.

»Die Einzige, der noch was an mir liegt, ist Ada, meine Tochter, und für sie muss ich auf den Beinen bleiben, sonst mach ich ihr zu viel Kummer. Aber eigentlich will ich nicht mehr.«

Als ich Janna frage, ob sie Angst vor dem Tod hat, muss sie nicht lange darüber nachdenken. Mit einer derartigen Überzeugung, dass es mich bis ins Mark trifft, antwortet sie: »Nein, überhaupt nicht. Warum sollte man sich davor fürchten?«

Ich frage sie, ob sie Lust auf eine Tasse Tee hat.

»Ah, herrlich …« Langsam sehe ich wieder Spuren der aufgeweckten Janna, die ich gewohnt bin, zurückkommen. »Und dann möchte ich dir mal einen Rat zum Thema Tee geben«, fährt sie fort. »Wenn du mich auslachst, kriegst du ein paar hinter die Löffel. Wenn du Leute zum Tee einlädst, solltest du ihn nicht in einem so hohen und schmalen Glas anbieten. Es dauert dann viel zu lange, bis sie es ausgetrunken haben, und sie bleiben einfach sitzen.«

»Haha, sehr gut. Das merk ich mir«, antworte ich und

fühle mich ermutigt, noch einmal auf das Thema einzugehen, das mir im Raum so präsent zu sein scheint. »Hast du schon mal mit deiner Tochter über den Tod gesprochen?«

»Noch nie«, antwortet sie entschieden, »meine Tochter will davon nichts hören. Sie ist so ein liebes Mädchen, und ich will ihr keinen Kummer machen, das hat sie nicht verdient.«

Während ich mir noch einen Keks nehme, frage ich sie, ob sie sich oft einsam fühlt.

»Ja«, antwortet sie und fängt wieder an, über Ada zu reden. »Ich habe eine liebe Tochter. Sie kommt ein paar Mal pro Woche, und dabei arbeitet sie auch noch vier Tage die Woche, also an ihr liegt es nicht. Aber ich vermisse meinen Mann sehr, er war mein Ein und Alles.« Für einen Moment ist deutlich spürbar, dass sie um Fassung ringt. Nach einer kurzen Pause fährt sie fort. »Wir haben uns so gut verstanden und hatten eine sehr schöne Ehe.« Sie sieht mich eindringlich an. »Wir sind uns, da bin ich mir ganz sicher, nie, nie untreu gewesen. Nicht einmal in Gedanken.« Ihr steigen ein paar Tränen in die Augen, die aber schon bald wieder einem strahlenden Blick weichen. »Meine Nachbarin hat mich mal gefragt, ob ich keine Angst hätte, dass er fremdgeht, aber das hatte ich nicht, denn ich wusste, dass er zu mir kam, wenn er Hunger hatte.« Janna denkt einen Moment lang nach. »Es geht natürlich nicht nur um Sex, sondern auch um das Herz. Sex ist wichtig, aber nicht das Wichtigste. Ich finde es schade, dass ich nicht zuerst gegangen bin, aber er hatte einfach keine Kraft mehr. Das glaube ich wirklich, er hat mich von ganzem Herzen geliebt.«

»Aber jetzt, wo du keinen Mann mehr hast …«, beginne ich.

Ich komme nicht dazu, meinen Satz zu beenden. »Bist du verrückt geworden? Mit einem anderen Mann, daran würde ich nicht einmal denken. Dann wäre ich lieber jetzt sofort tot.« Janna schraubt sich immer mehr aus ihrem Stuhl, sodass sie gar nicht mehr wie die Frau wirkt, die ich vorhin über ihrem Teller Grünkohl hängen sah. »So ein offenes Gespräch, das finde ich schön. Solche Gespräche führe ich eigentlich mit sonst niemandem. Ich wüsste auch nicht, mit wem.«

Ich lächle sie an, und sie lächelt zurück.

Im Pflegeheim werden in der Tat zu wenig tiefgehende Gespräche geführt. Was mir immer wieder auffällt, wenn Mitbewohner mich besuchen kommen: Sobald sich die Tür schließt, verwandelt sich mein Zimmer in eine Art Beichtstuhl. Etwas wie ein sicherer Hafen, in dem alles besprochen werden kann.

»Wie würdest du gerne sterben?«

»Darüber habe ich noch nicht richtig nachgedacht.« Sie fragt, ob ich das denn getan habe.

»Ich weiß es nicht genau, aber ich möchte mich noch mehr damit beschäftigen, freiwillig aus dem Leben zu gehen.«

»Das ist doch auch gut. Dann kannst du deine eigenen Entscheidungen treffen, sofern du bei klarem Verstand bist.«

Ich frage sofort nach, was das bedeutet, nicht »bei klarem Verstand« zu sein.

»Dann fällt eine Menge weg«, antwortet Janna. »Ich habe zwar manche Macken, aber ich bin ganz sicher nicht verrückt.«

An dieser Antwort lässt sich erkennen, dass sie sich an eine Art letzte Würde klammert, als wäre der Verlust ihres Verstandes noch schlimmer als der Verlust ihres Lebens.

»Ich glaube, ich sollte mal mein Zimmer aufsuchen«, sagt Janna und wirft mir einen sanften und schicksalergebenen Blick zu.

Ich begleite sie, um dafür zu sorgen, dass sie gut ankommt. In ihrem Zimmer geben wir uns die Hand.

»Danke für das schöne Gespräch, Janna«, sage ich.

»Ich danke dir auch, mein Lieber, ich habe es wirklich genossen. Aber jetzt bin ich müde und gehe schön schlafen, wir sehen uns bald wieder.«

Eine Woche später gehe ich wieder zu ihrem Zimmer und schreibe in das Buch, das davor ausliegt:

Liebe Janna, ruhe in Frieden. Und solltest du wieder mit Kor zusammen sein, dann genieß es in vollen Zügen!
Liebe Grüße, Teun

VERHALTE DICH EINFACH NORMAL

Klopf, klopf, ertönt es an meiner Tür.

»Komm rein!«, rufe ich laut und deutlich, damit es auch die Gehörgänge meiner Mitbewohner erreicht. Die Tür öffnet sich, und wie mindestens dreimal täglich taucht mein guter Freund auf.

»Hallo, Ad«, begrüße ich ihn herzlich.

»Hallo, mein Junge, klappt alles, oder kann ich dir bei etwas helfen?« Diese Frage stellt Ad mir regelmäßig, denn er tut nichts lieber, als etwas mit mir zu unternehmen. Okay, ich bin nicht ganz ehrlich, es gibt *eine* Sache, die er noch lieber mag.

»Du kannst mir ganz bestimmt helfen, Ad, denn es ist Freitagnachmittag, und das kann nur eines bedeuten.«

Ohne eine Sekunde nachzudenken, ruft er: »Zeit, einen zu heben!« Dabei greift er in einer fließenden Bewegung nach der Kühlschranktür.

»Haha, sehr gut, diese Tradition hat sich also schon gut etabliert.« Ich klappe meinen Laptop zu.

Einen sogenannten »Freitagnachmittag-Umtrunk« im Pflegeheim einzuführen, schien mir eine gute Idee zu sein, nicht nur, um die Atmosphäre zu verbessern, sondern vor allem, um eine normale Tradition aus der Außenwelt mit hereinzuholen.

Ad kommt aus dem Energiesektor, und wie an vielen anderen Orten des Landes war der Umtrunk am Freitagnachmittag nach der Arbeit ein gängiger Brauch. Daher ist es nicht verwunderlich, dass er einer der ersten Hausbewohner war, die den Titel »Stammgast« tragen durften. Wie in vielen anderen Organisationen hat sich auch bei uns der Umtrunk am Freitagnachmittag zum Höhepunkt der Woche entwickelt. Das liegt nicht nur daran, dass wir die Getränke und die dazugehörigen Snacks mögen, sondern auch an der Gruppendynamik, die genau wie in einem Büro oder am Arbeitsplatz für kurze Zeit völlig auf den Kopf gestellt wird. Okay … es geht nicht so weit, dass Elly auf dem Tisch tanzt oder Ad und Muriel knutschend in den Koniferen landen, es geht mehr darum, dass die Wände und die geschlossene Tür des Pflegeheims plötzlich sehr weit entfernt sind.

»Ich hätte Lust auf ein ganz spezielles Bier, Ad, das mit dem rosa-gelben Etikett.« Ich grinse ein wenig, denn ich weiß, was jetzt kommt.

»Äh … *Mannenliefde*?«

»Ja genau, Ad.«

Ich kann mir das Lachen nicht verkneifen, weil er guckt, als würde er Wasser brennen sehen. »Männerliebe? Was ist das denn für ein Name für ein Bier? Das ist doch nicht normal? Oder doch, Teun?«, sagt er und hebelt den Kronkorken wie ein erfahrener Barkeeper von der Flasche.

»Doch, Ad, das ist gerade absolut angesagt. Es wird von einer Amsterdamer Brauerei produziert.«

Wie es aussieht, ist Ad völlig von dem fasziniert, was er aus dem Kühlschrank geholt hat. »Saisonbier … Sehr seltsam das alles, aber okay, das passt eigentlich zu dir.«

Obwohl mich sein trockener Humor und der entsprechende Gesichtsausdruck oft zum Lachen bringen, schmelze ich gleichzeitig dahin, weil er immer versucht, seinen Bemerkungen einen liebenswürdigen Touch zu geben. Ad ist nämlich wirklich ein großer, grundgütiger Kerl, der sein

Herz auf der Zunge trägt, jemand, der manchmal nicht ganz glücklich rüberkommt, aber es nie böse meint.

»Ich nehme mir eine Flasche meiner eigenen Marke, wenn du nichts dagegen hast.« Er greift zu seiner klassischen braunen Flasche mit dem rot-weißen Etikett. »Also, Prost, mein Junge«, sagt er fröhlich, wonach er die Flasche gierig an die Lippen setzt und seinen Kopf in Position bringt, um das Gebräu seine Kehle heruntergluckern zu lassen. Während ich dasitze und seiner »alten Routine« voller Bewunderung zusehe, fällt mir auf, dass er noch nichts über das Fehlen einer wichtigen Zutat in seinem Lieblingsgetränk gesagt hat: Alkohol. »Ah, das schmeckt gut. Nicht so gut wie früher, aber immerhin …« Na also, da haben wir's schon. Ad ist nämlich eine Alkoholbeschränkung auferlegt worden, eine Vereinbarung zwischen seinem Sohn und den Betreuern, die ihm ganz und gar nicht schmeckt. »Sie könnten doch auch einfach mit mir etwas vereinbaren. Ich bin doch nicht verrückt?«

»Das stimmt, Ad, natürlich bist du nicht verrückt«, sage ich, um ihn zu beruhigen.

Die Alkoholbeschränkung besagt, dass Ad unter der Woche überhaupt keinen Alkohol und am Wochenende nur zwei »echte Pils« pro Tag trinken darf. Diese Vereinbarung ist für ihn schwer zu schlucken, weil sie über seinen Kopf hinweg getroffen wurde, was wohl niemandem gefallen würde, aber Ad schon gar nicht. Er sagt, er wisse selbst nicht, warum die Regel eingeführt worden ist. Als Mitbewohner wollte ich mich da nicht einmischen, daher habe ich die ersten Wochen nur beobachtet, wie er mit Alkohol umging. Natürlich bin ich kein Suchtexperte, aber abgesehen von ein paar abschätzigen Bemerkungen über den Geschmack von alkoholfreiem Bier, habe ich ihn nie bei einem besonderen Verlangen nach Alkohol ertappen können. Selbst dann nicht, wenn wir in meinem Zimmer hin und wieder die Zügel ein wenig schleifen ließen, manchmal auch an Wochentagen (ja, ich bekenne mich schuldig). Dann bekam ich nach zwei oder drei Bier gewöhnlich zu hören: »So, die sind richtig gut runtergezischt, mein Junge. Ich muss mal wieder nach Hause gehen.« Er hat mich nie um mehr gebeten, und ich habe ihn auch nie schwankend weggehen sehen. Deshalb habe ich als selbst ernannter Barmann die Verantwortung übernommen, meinen besten Freund mit Getränken und Snacks zu versorgen, wenn er wieder mal auf dem Trockenen saß. Nicht, weil mir die Organisation oder die Vereinbarungen mit seinem Sohn egal wären, sondern, um dem menschlichen Maß und Ads Glück Vorrang vor diesen starren Vereinbarungen einzuräumen.

Ich finde es schlimm, dass so selten Absprachen *mit* Menschen mit Demenz getroffen werden. Das muss sich ändern, denn wir behandeln sie eigentlich wie Kinder. Sehen wir sie denn auch so? *Come on!* Obwohl dieser Vergleich oft gezogen wird – Menschen mit Demenz sind wie Kinder –, kann ich Ihnen versichern, dass das überhaupt nicht stimmt. Wenn meine Mitbewohner Kinder gewesen wären, wäre ich schon längst weggelaufen. Ich bin nicht in eine Kindertagesstätte gezogen, sondern in ein Haus, in dem die Bewohner zwar manchmal Dinge vergessen oder durcheinanderbringen, aber gleichzeitig noch vieles sehr wohl wissen. Ich führe täglich tiefgehende Gespräche über Einsamkeit, Religion, Sex, Politik, den Klimawandel oder den Tod; ich bekomme Ratschläge in Sachen Liebe und Hilfe beim Lernen, und ich kann mich bei meinen Mitbewohnern ausheulen – alles Dinge, die ich nicht unbedingt tue, wenn meine kleinen Neffen und Nichten zu Besuch kommen.

Während sich mein Zimmer allmählich mit den Damen der Station füllt, die Schüsselchen mit Chips auf den Tisch kommen und Muriel die Knoblaucholiven hervorholt, höre ich, wie sich zwei meiner Nachbarn am Kühlschrank ein schönes Bier aussuchen.

»Schau mal, das hier ist ziemlich stark. Wie viel Prozent hat das noch? Siebenundsiebzig?«, sagt Ad.

»Nur dass da noch ein Komma dazwischen sitzt, also ganz so schlimm ist es nicht«, antwortet Piet, wobei er sein Bierfläschchen verliebt anschaut. »Das ist echt leckeres Zeug.«

»Ich trinke auch gern mal einen«, sagt Ad. »Ich habe meinem Vater gesagt, dass ich eine Flasche Genever in meinem Zimmer haben muss, damit ich mir am Wochenende mal ein Schnäpschen genehmigen kann.«

Die beiden Männer sind sich vollkommen einig. »Natürlich, das muss schon sein, sich ab und an mal einen hinter die Binde zu kippen, das gehört einfach dazu«, antwortet Piet.

Als Ad anfängt, von seiner Ministeck-Sammlung zu erzählen, steht Piet plötzlich auf und macht Anstalten zu gehen. »So, war wieder nett, Ad, aber jetzt muss ich los.«

Erstaunt fragt Ad, ob Piet wirklich schon gehen muss, da er sein Bier noch überhaupt nicht angerührt hat.

»Ja, hab noch allerhand zu erledigen«, sagt Piet. »Ich muss noch arbeiten, du weißt schon, hier um die Ecke.« Als er den Raum schon fast verlassen hat, dreht er sich schnell noch einmal um und verspricht seinem guten Freund, später am Abend wieder vorbeizukommen.

»Vergiss es nicht«, ruft Ad ihm noch nach, doch es ist

wohl vergebens. Piet gerät in seinen Rundlauf-Modus, und das ist etwas, was bei ihm stundenlang andauern kann.

Ad bleibt noch bei unserem Umtrunk. Er freut sich sichtlich, mit allen reden zu können und an diesem Abend ein bisschen Geselligkeit zu haben, einem Abend, der nach seinem Dafürhalten gerade erst begonnen hat. Mit einem Augenzwinkern verpasst er mir einen Schubs. »Wir sind jetzt zu zweit, Teun, sonst gibt's hier nur Frauen, da haben wir gute Chancen.«

Nur der Vollständigkeit halber erinnere ich ihn daran, dass Frauen in puncto Liebe wirklich nicht meine Zielgruppe sind, aber diese Botschaft scheint nicht bei ihm anzukommen. Er geht auf Elly zu und sagt: »Echt nett, so ein Umtrunk, nicht wahr?«

Solche Momente machen mich glücklich. Sie zeigen, wie wenig sich unsere kleine Gesellschaft von der großen Gesellschaft da draußen jenseits der grünen Zäune unterscheidet. Von dieser Welt, die in unserem Blickfeld liegt und der wir buchstäblich so nahe sind, die im übertragenen Sinne aber so weit von uns entfernt ist.

Glücklicherweise werden solche Gedanken oft von den etwas weniger alltäglichen Dingen des Lebens unterbrochen. »Clever, wie die hergestellt werden«, sagt Elly plötzlich, während sie die Chips beäugt.

»Das wird heutzutage alles maschinell produziert«, bemerkt Ad.

Währenddessen kommt eine Pflegekraft um die Ecke. »Gemütlich habt ihr's hier«, sagt sie und geht auf Elly zu. »Ich habe noch eine Tablette für Sie.«

»Oh, noch eine.«

Auch Ad bekommt seine Medizin. »Woher wissen Sie, dass ich hier bin?«, fragt er mit einem ertappten Unterton.

»Schwestern wissen immer alles«, sagt sie mit einem verschmitzten Lächeln. »Viel Spaß noch, Ad!« Sie geht wieder in Richtung Aufenthaltsraum.

Yes, denke ich! Jemand, der genau kapiert, was hier passiert, und es einfach geschehen lässt. Einfach, weil es möglich ist.

Nach diesem feierlichen Abschluss meiner arbeitsreichen Examenswoche beschließe ich, am Wochenende einfach mal gar nichts zu tun und entspannt mit meinen Mitbewohnern zu chillen. Denn wenn es einen Ort gibt, an dem man chillen kann, dann ist es dieser. Im Bademantel frühstücke ich mit ihnen, und kurz darauf lasse ich mich mit einer dünnen Tasse Filterkaffee auf die Couch zwischen Leny und Tineke plumpsen. »Das war doch eine tolle Party, nicht wahr, meine Damen?« Obwohl die beiden sich gestern früh verdünnisiert haben, liegen sie jetzt schon wieder hier, um ein ausgiebiges Nickerchen zu machen.

Während ich mir ohne besondere Aufmerksamkeit *Tommy Teleshopping* anschaue, merke ich, dass der Ton des Fernsehers in meinem Kopf immer leiser wird, bis mich – bam! – eine Schlafzuckung unsanft weckt und ich feststelle, dass ich vollkommen mit Kaffee bekleckert bin. Das ist eines meiner großen Talente: einzunicken. Genau wie meine Mitbewohner kann ich auf Kommando einschlafen, auch wenn sich mein Körper nach einem solchen »Powernap« ziemlich schlapp anfühlt. Es scheint dann, als würde ich in eine Art Winterschlafmodus fallen. An Studientagen ist das nicht gerade praktisch, aber an Tagen wie diesen gebe ich mir nicht die geringste Mühe, mich dagegen zur Wehr zu setzen.

Für mich sind es seltene Augenblicke, aber für die Damen neben mir ist es der normale Rhythmus. Wenn sie einen Schrittzähler tragen würden, würde er schon nach einem Tag vor Schreck den Geist aufgeben. Denn ein normaler Tag verläuft bei ihnen etwa so: vom Bett zum Tisch – vom Tisch zum Sofa – vom Sofa zum Tisch – vom Tisch zum Bett oder zum Sofa – vom Bett oder Sofa zum Tisch – vom Tisch zum Sofa – und schließlich vom Sofa zurück zum Bett. Alles in allem sind das etwa sieben Ortswechsel mit acht Schritten, insgesamt also 56 Schritte. Und das trifft nur für die Sportlichen unter ihnen zu, denn wenn man das Pech hat, im Rollstuhl zu sitzen, reduzieren sich die Schritte auf … null.

So, wie ich das formuliere, klingt es ziemlich zynisch. Aber meine Haltung dazu ist auch zynisch. Ein Leben lang bekommt man zu hören: »Bewegung ist gesund«, aber seltsamerweise höre ich das in einem Pflegeheim nie. Wie um alles in der Welt kann das sein? Warum wird niemand dazu motiviert, sich zu bewegen, geschweige denn Sport zu treiben? Es ist ja keinesfalls so, dass hier alle, abgesehen von Demenz, gesund wären oder einen fantastischen BMI hätten. Das Schlimme am Bewegungsmangel ist, dass sich die Muskelmasse verringert, wodurch man schneller bewegungsunfähig wird und möglicherweise im Rollstuhl landet, was noch weniger Bewegung zur Folge hat. Zudem verursacht Bewegungsmangel Verstopfung aufgrund von Darmträgheit. Abgesehen von einer sich verschlechternden Kondition, die zu einem sich verschlechternden Gesundheitszustand führt, und zu schwacher Muskulatur, die Bewegungsschwäche nach sich zieht, sitzt man dann auch noch, wie seine eigene Kacke, den ganzen Tag träge herum.

Zwei Stunden später wird der Fernseher ausgeschaltet, und die Zeit für ein Nickerchen ist vorbei. Mittlerweile steht das Abendessen bereit: Tomatensuppe mit Brot. Köstlich, denn das Essen ist ganz frisch, und der freundlich gedeckte Tisch lädt dazu ein, sich dazuzusetzen. Während ich mit Leny zum Tisch gehe, trifft Tineke auf dem Weg dorthin auf den knuddeligen Roboterhund. Er bellt automatisch, wenn sich jemand bewegt, und Tineke streichelt ihm sanft über den Kopf. »Ach, Kleiner.«

Ich finde es sehr schön zu sehen, wie Tineke auf den Hund reagiert, doch gleichzeitig macht es mich traurig. Warum kann das kein echter Hund sein, denke ich. Meine Mitbewohner hätten Zeit für ihn, der Garten ist groß genug, und außerdem bekämen sie so ein bisschen Bewegung. Ich wette, dass es etwas mit Hygienevorschriften zu tun hat, denn die gibt es im Pflegeheim in Überfülle. Wenn man sich in der letzten Phase seines Lebens befindet und alle möglichen Krankheiten und körperlichen Beschwerden hat, sollte man keiner zusätzlichen Gefahr ausgesetzt werden, so die Denkweise. Doch an einem Hundehaar im Essen oder ein bisschen Katzenpisse in der Ecke sind meiner Meinung nach noch wenige Menschen gestorben. Und selbst wenn ... wieder stellt sich die Frage: Würden Sie im Alter lieber einen Roboterhund oder einen echten Hund streicheln? *Just asking.*

Der Roboterhund wirkt auf mich persönlich wie ein schaler Ersatz, so als würde hier eine Scheinwelt erschaffen. Und diese Tendenz zeigt sich nicht nur an den mechanischen Haustieren. Es gibt auch *Tovertafeln* (Zaubertische), das sind an der Decke befestigte Geräte, mit denen digitale Schmetterlinge und Blumen auf Tische projiziert werden. Die Pflegeheimbewohner können sich an den Tisch setzen und versuchen, die Figuren zu erhaschen. Das ist eine sehr schöne Idee, um »Aktivierung und eine soziale Interaktion« anzuregen, aber es bedeutet, dass die Bewohner am Tisch sitzen müssen. Und genau das ist das Problem, dieses ewige Sitzen! Wir sollten die Menschen mit nach draußen nehmen, wo sie echte Schmetterlinge oder Blumen sehen können, und mit ihnen richtige Gespräche führen. Wenn das nicht mehr möglich ist und die einzige Alternative darin besteht, die Menschen en masse hinter ein Computerspiel zu setzen, dann mache ich mir große Sorgen, ob wir nicht vergessen haben, worum es bei der Pflege eigentlich geht.

Ein weiteres Phänomen sind die Tür- und Wandaufkleber. Nein, keine Aufkleber von der Lieblingsband oder dem Lieblingstier, sondern Aufkleber, die den Bewohnern vorgaukeln sollen, dass sich ihre fabrikmäßige Tür in eine Schlosstür, eine ländliche Flügeltür oder, als Nonplusultra, in den wohlbekannten Bücherschrank verwandelt hat. Die weißen Wände verwandeln sich damit in grüne Wälder. »Das heitert den Flur etwas auf«, höre ich oft oder, »Das wirkt doch fast wie echt, nicht wahr?«. Worauf ich immer antworte: »Findest du?« »Denkst du das wirklich?« Denn ich kann nicht glauben, dass jemand, der einen weißen Korridor voller Rollatoren, Rollstühle und Wäschewagen entlangläuft, sich plötzlich wie im Burgund fühlt, wenn er seine Schlosstür erreicht. Oder der Wald ihm auf diesem Weg näherkommt.

Ich sage das überhaupt nicht, um gegen all die neuen Ideen, die entwickelt worden sind, zu stänkern, oder weil ich gegen Digitalisierung bin; ich sage das, weil ich glaube, dass die Aufmerksamkeit hier vollkommen in die falsche Richtung gelenkt wird, wenn wir anfangen, in derartige Lösungen statt in Menschen zu investieren. Denn das sind durchaus Investitionen in ganz normale kommerzielle Unternehmen, die genau wie ihre Pendants auf anderen Märkten nur eines im Sinn haben: Geld zu verdienen.

Wie Sie mittlerweile wissen, halte ich viel von Gemütlichkeit und Farbe im Haus, aber die sollten für die Menschen als solche erkennbar sein, sie sollten echt sein! Echte Materialien, echte Möbel, echtes Geschirr, echte Pflanzen und so weiter. Denn wenn man sich in einer Welt wiederfindet, die man manchmal als unsicher und neu empfindet, ist es schön, wenn deren Einrichtung so echt, warm und normal wie möglich ist. Man sollte sich sozusagen so fühlen, als ob man zu Hause wäre.

Werfen Sie also nicht gleich alle alten Sachen und Möbel weg und verwandeln sie den gemütlichen Aufenthaltsraum nicht in ein »frisches« *Schöner-Wohnen*-Interieur mit *White-Wash*-Linoleum und »trendigen« grünen Stühlen. Schauen Sie einfach, was das Pflegeheim lebendiger und gemütlicher macht. Stellen Sie ein paar schöne Lampen auf, damit die sonnenbankartigen Neonröhren endlich ausgeschaltet werden können, fragen Sie die Familie, ob jemand etwas Schönes wie eine alte Jukebox, einen Flipper, Musikinstrumente, schöne Bilder oder Designermöbel für die Einrichtung zur Verfügung stellen kann, und machen Sie gemeinsam etwas Gemütliches daraus. Und tun Sie mir *einen* Gefallen: Sorgen Sie dafür, dass nicht ein Pflegeheim wie das andere aussieht – so ein Einheitsbrei würden Ihnen zu Hause auch nicht gefallen.

V

FÜR IMMER MENSCH

EIN FAZIT

Es ist ein schöner Sonntagmorgen im Mai, die Frühlingssonne scheint mir voll ins Gesicht, und während ich durchs Fenster auf das frische Grün der Bäume blicke, höre ich es im Flur leise singen: »Er hat heut Geburtstag, hurra, hurra, man sieht es ihm an, dass er's ist …«

Mir kullern Tränen über die Wangen, denn obwohl ich mich freue, ein Jahr älter zu werden, fühlt es sich auch bitter an: Selbst stehe ich zwar in der »Blüte« meines Lebens, doch von einigen Mitbewohnern werde ich mich im kommenden Jahr wahrscheinlich verabschieden müssen. Dieser Gedanke lastet schwer auf mir, sehr schwer. Sie sind mir nämlich im vergangenen Jahr so sehr ans Herz gewachsen, dass ich manche inzwischen als echte Freunde bezeichnen kann. Die Umarmung, die ich Elly jeden Morgen gebe, wenn ich aus der Dusche komme, die tiefgründigen Gespräche mit Tineke und die lustigen Unterhaltungen mit Ad sind zu einem Teil meines Lebens geworden, den ich auf keinen Fall mehr missen möchte.

»Teuntje, ich habe dich nicht vergessen, mein Junge«, ertönt es in der Nähe meiner Tür.

Das kann nur *eine* sein: meine Freundin Muriel. Wenn es eine gibt, die weiß, welche Kapriolen das Leben schlagen kann, dann ist sie es. Ihr Leben führte sie von einem mondänen und aristokratischen Leben auf den Antillen zu einer Existenz in ihrer einfachsten Form auf zwölf Quadratmetern in einer geschlossenen Abteilung. Und sich dann noch eine solche positive Einstellung zu bewahren! Das zeugt von einer Stärke und Haltung, um die ich sie ein wenig beneide. Ich kann nur hoffen, etwas davon für den Moment im Leben mitzubekommen, an dem ich selbst es benötigen werde.

Die Tür öffnet sich, und Muriel summt leise ein weiteres Geburtstagsverslein. »Du hast heute Geburtstag und du bist immer noch jung, aber wie alt wirst du denn heute eigentlich?«, fragt sie, während sie ihren Rollator umdreht und sich auf den Sitz zwischen den Griffen setzt.

»Zweiundzwanzig, Muriel, ein gutes Viertel deines Alters«, sage ich fröhlich und wische mir eine Träne weg.

»Mensch, Junge, das ist ein schönes Alter. Versprichst du mir, dass du es genießen wirst?«

Und obwohl mir wieder die Tränen kommen, nicke ich freundlich und umarme sie fest. »Das verspreche ich dir!«

In diesem Moment beschließe ich, ihre Worte als Leitfaden nicht nur für den Rest des Tages, sondern auch für den Rest meines Lebens zu nehmen.

»Kaffee?«, frage ich. »Und ich habe auch noch eine leckere *Bossche Bol* von meiner gestrigen Einladung übrig.« Ich krame eine aus der Schachtel hervor, die wir gestern gemeinsam in Den Bosch abgeholt haben. Gestern haben wir die *Bossche Bollen* – schokoladenüberzogene Windbeutel, für die Den Bosch berühmt ist – gleich im gesamten Pflegeheim verteilt, denn hundertzwanzig Stück eine Nacht lang zu lagern war keine Option.

»Ja, Teuntje, hast du gedacht, ich wüsste das nicht mehr? Ich weiß sehr wohl, wann ich dich am besten besuche, haha! Herrlich, gib mir die größte!« Genau das ist der Grund, warum ich Muriel so liebe: ein junger und scharfer Geist, verpackt in einen wunderschönen »Retro-Look«.

Als ich nach unserer heimlichen kleinen Geburtstagsfeier in den Aufenthaltsraum komme, hängen Girlanden über dem Esstisch, und nach etwas Ermunterung der Pflegekraft, die heute Dienst hat, singen mir auch meine Mitbewohner noch ein Geburtstagsständchen. Es ist etwas Besonderes, das Leben mit Menschen zu feiern, die nach Auffassung mancher Leute kaum noch etwas zu feiern haben, mit Menschen, die ein so schönes Leben verdient hätten, denen es aber oft nicht vergönnt ist. Mit Menschen, die ich so sehr liebe, meinen Mitbewohnern, meinen Freunden, meiner neuen Familie.

Für sie bitte ich: Helfen Sie! Helfen Sie mit, die Zukunft von Menschen mit Demenz zu einer hoffnungsvollen Zukunft zu machen, zu einer Zukunft, in der sie würdevoll und gleichwertig behandelt und nicht ausgegrenzt werden, sondern Teil der Gesellschaft sind. Kurz gesagt, eine Zukunft, in der Menschen mit Demenz zählen!

Bitte betrachten Sie einen Menschen mit Demenz als:

Einen gleichwertigen Menschen
(Gleichwertigkeit)

Artikel 25 der Allgemeinen Erklärung der Menschenrechte besagt, dass jeder Mensch unabhängig von Alter und Gesundheitszustand das Recht auf einen angemessenen Lebensstandard hat. Das bedeutet, dass Krankheit niemals die Gleichwertigkeit der Menschen beeinträchtigen darf und Demenz niemals ein Grund sein darf, Menschen ungleich zu behandeln – niemals!

Deshalb müssen wir die derzeitige diskriminierende Gesetzgebung durch eine neue Gesetzgebung ersetzen, die Gleichwertigkeit garantiert und sicherstellt, dass Menschen mit Demenz ihr Recht auf Selbstbestimmung wiedererlangen, denn das rührt an den Kern unserer Existenz.

Wir haben die Pflicht, die Selbstbestimmung eines Menschen so lange wie möglich aufrechtzuerhalten. Wenn es schwerwiegende Verhaltensprobleme gibt, müssen wir versuchen, sie in gute Bahnen zu lenken, ohne den Menschen ihr wichtigstes Menschenrecht abzusprechen. Nur so können wir den hierarchischen Rollenmustern in der Pflege ein Ende setzen. Erst dann wird der »Patient« wirklich zu einem Heimbewohner und die Pflegekraft zum Gast, denn so sollte es eigentlich sein. Nur so erhöhen wir die Chance, dass die Bewohner das Pflegeheim als ihr Zuhause erleben. Sie mieten eine Wohnung einschließlich Pflege, also sollten wir diese Wohnung auch als *ihr* Zuhause ansehen. Bei einer pflegebedürftigen Person, die zu Hause lebt, stürzt man ja auch nicht – mir nichts, dir nichts – ins Haus und schaltet die Musik oder den Fernseher ein, ohne sie zu fragen, also sollten wir das auch in einem Pflegeheim nicht tun. Betrachten wir das Pflegeheim als das Haus seiner Bewohner, und sorgen wir dafür, dass sie sich dort zu Hause fühlen.

Das bedeutet auch, dass wir *mit* den Bewohnern sprechen und beratschlagen müssen und nicht *über* sie. Fänden wir es selbst nicht auch viel angenehmer, wenn uns andere noch immer nach unseren Vorstellungen fragen, sich mit uns beraten und dann erst an die Umsetzung gehen würden? Der Wunsch, die Souveränität über das eigene Leben zu behalten, verschwindet nicht mit der Diagnose Demenz. Wenn einem diese Selbstbestimmung per Gesetz entzogen wird, ist »Eigenregie« bloß noch eine hohle Marketingphrase in der Broschüre einer Pflegeeinrichtung. Geben wir Menschen mit Demenz ihre Stimme zurück, damit

»Eigenregie« eine wirkliche Bedeutung erhält und sich eine gleichwertige und menschliche Rollenverteilung im Pflegeheim ergibt. Wenn wir den Menschen mit Demenz als gleichwertig behandeln, verlagert sich der Schwerpunkt vom Versorgen des Patienten auf das Sorgen für den Menschen.

Ein Mensch, der dazugehört (Inklusion)

Eine Bemerkung, die mir nicht mehr aus dem Kopf geht, stammt von Muriel: »Das Leben hier hat keinen Sinn, wir gehören nicht mehr dazu, also wäre es besser, wirklich tot zu sein.«

Das sagt für mich alles: Lebt man in einem Pflegeheim, hat man nicht nur kein Mitspracherecht mehr, man ist auch nicht mehr Teil der Welt.

Lassen Sie uns als Gesellschaft dafür sorgen, dass das Leben von Menschen mit Demenz wieder Sinn bekommt. Dass sie wieder Teil der Gesellschaft werden. Lassen Sie uns die Türen der Pflegeheime aufstoßen und dafür sorgen, dass die Bewohner nicht mehr das Gefühl haben, eingesperrt zu sein. Damit wäre bereits die Hälfte des Problems gelöst, allerdings nicht das ganze Problem, denn die Möglichkeit zu haben, wegzugehen, ist etwas anderes, als wirklich wegzugehen. Die hohen Zäune und Hecken um die Pflegeheime müssen verschwinden, damit deutlich wird, dass es nichts zu verstecken gibt, dass dort wertvolle und schöne Menschen wohnen, die wie du und ich gern einen Blick auf ihre Nachbarn werfen. Wir sollten Campingplätze, Gaststätten, Restaurants, Schwimmbäder, Cafés, Spielplätze und Kinderbetreuungseinrichtungen auf dem Gelände oder in der Nachbarschaft ansiedeln, damit es zu einer sozialen Interaktion mit der Nachbarschaft kommt. Organisieren Sie ein sommerliches Grillfest im Garten, lassen Sie die Nachbarschaft dazu beitragen, dass das Pflegeheim gemütlich wird, organisieren Sie einen Weihnachtsumtrunk oder ein Abendessen mit der örtlichen Schule, pflanzen Sie gemeinsam Blumen oder kommen Sie einfach auf einen Kaffee vorbei, um hier zu chillen, aber schließen Sie die Bewohner nicht aus und verstecken Sie sie nicht. Lassen Sie uns ein Gemeinschaftsgefühl schaffen, wie ich es gelegentlich bereits in kleinen Pflegeorganisationen beobachten kann.

Worum es hier geht, ist Vision und praktische Umsetzung. Denken Sie daher in kleinem Maßstab und ordnen Sie es in einen großen Plan ein. In kleinem Maßstab zu denken, bedeutet kurz gesagt nicht mehr und nicht weniger, als den Menschen zuzuhören und einen schönen Ort zu schaffen, der ihnen das Gefühl vermittelt, zu Hause zu sein. Ich bin davon überzeugt, dass das überall möglich ist. Lassen Sie die Bewohner selbst mitteilen, was sie brauchen, und schaffen Sie gemeinsam mit ihnen ein »normales« warmes Heim, in dem sie lieber bleiben, als es zu verlassen. Lassen Sie uns ein Zuhause schaffen!

Ein vollwertiger Mensch
(Würde)

Lassen Sie uns Menschen mit Demenz nicht wie Verrückte behandeln, sondern mit Respekt. Helfen Sie mit, das Stigma zu durchbrechen. Denn es ist nicht nur äußerst abwertend, sondern sorgt auch dafür, dass die Stigmatisierung einer »bestimmten Art« von Menschen noch weiter verstärkt wird, wenn man von »Dementen« oder »Dementierenden« spricht. Lassen Sie uns stattdessen sprechen von Menschen, die mit Demenz leben.

Menschen auf eine Gruppe zu reduzieren, ist für jeden furchtbar, das gilt auch für Menschen mit Demenz. Eine Krankheit oder ein Gebrechen macht nicht alle gleich, schon gar nicht, wenn es sich um etwas so Kompliziertes wie Demenz handelt. Schließlich ist Demenz ein Sammelbegriff für zahlreiche Varianten. Wenn man es wirklich richtig machen will, muss man sagen: »Das ist eine Person, die mit einer Form von Demenz lebt«, aber wenn wir schon einmal damit anfangen, »ein Mensch mit Demenz« zu sagen, bin ich zufrieden.

Sieht man Menschen nur als Gruppe, ignoriert man nicht nur alles, wofür sie als Individuen stehen, man schafft damit auch eine Distanz, die es leichter macht, eine Entscheidung mit negativen Folgen für sie zu treffen. »Diese Menschen sind krank und sollten am besten in einer geschlossenen Station untergebracht werden, wenn sie anstrengend werden, das merken sie doch sowieso nicht.«

Eine markige Aussage, aber leider keine Seltenheit. Doch wie wäre es, wenn es sich bei einer dieser Personen um Ihre Mutter handelte? Ich glaube nicht, dass Sie das dann auch so sehen würden. Denn die eigene Mutter liebt man, und man würde nicht wollen, dass sie in einer geschlossenen Station untergebracht wird; man weiß ja, dass sie nicht verrückt ist und sich furchtbar ängstigen würde.

Sollten Sie bei einem Betreuungsdilemma Zweifel überkommen, dann ist Folgendes mein Appell: Denken Sie daran, was Sie sich für Ihre Mutter, Ihren Vater, Ihren Bruder oder Ihre Schwester wünschen würden, und ich bin sicher, dass Ihr sozialer und moralischer Kompass Ihnen die richtige Richtung weisen wird. Pflege muss einen berühren, nur dann werden sich die Dinge ändern. Jede Antwort fällt anders aus, wenn Sie die unbekannte Person durch jemanden ersetzen, den Sie lieben. Würde ich meinen Bruder in einer geschlossenen Abteilung lassen, würde ich meine Mutter, um einen Sturz zu vermeiden, den ganzen Tag in einem Rollstuhl gefesselt sitzen lassen, würde ich es gut finden, wenn Papa den ganzen Tag im Sitzen verbringen müsste?

Und natürlich können Sie sich auch fragen: Was würde ich selbst in dieser Situation wollen? Diese Frage habe ich mir ein Jahr lang in diesem Pflegeheim gestellt, und ich stelle sie mir immer noch oft. Und ich kann Ihnen sagen, dass diese Frage wahre Wunder bewirkt. Man sieht die Dinge mit anderen Augen und verlässt sich mehr auf seinen sozialen Kompass.

Ein kleines Beispiel: Wie würde ich mich fühlen, wenn ich nach draußen gehen wollte, es aber wegen des Hitzeprotokolls nicht darf, obwohl es nur zwei Grad wärmer ist als gestern? Reagiert nicht jeder Mensch anders auf Hitze? Als Pflegekraft können Sie doch einmal außer der Reihe nach draußen gehen, um nachzusehen, ob es mir gut geht, das kann doch nicht so viel Mühe kosten? Diese Fragen kamen mir in den Sinn, als Ad nach draußen gehen wollte und ich mich in seine Situation hineinversetzte. Als Pfleger hatte ich mir die Frage nie gestellt.

Um noch einmal auf das Stigma zurückzukommen: Wie würde ich mich fühlen, wenn die Leute mich für verrückt hielten? Wie würde ich mich fühlen, wenn mich niemand mehr ernst nehmen würde? Wie würde es mir gefallen, wenn mir niemand mehr *wirklich* zuhören würde? Jeder sollte sich diese Fragen stellen, denn wie ich bereits erwähnt habe, ist die Wahrscheinlichkeit, dass solche Szenarien für Sie Realität werden, eins zu fünf.

Zahlen, die beängstigend sind, wenn wir das Stigma nicht gemeinsam beseitigen. Ein Stigma ist nichts Reales, es besteht nur aus Bildern, die auf die gleiche Weise gelöscht werden können, wie sie entstanden sind. Wir müssen dazu einfach nur Informationen teilen, die der Wahrheit entsprechen.

Menschen mit Demenz bleiben bis zum letzten Atemzug Menschen wie du und ich. Sie sind Menschen mit Gefühlen und Bedürfnissen, Menschen, die dazugehören wollen. Menschen mit Demenz haben auch nach ihrer Diagnose noch ein Leben, daher sollten wir dafür sorgen, dass sie es so glücklich wie möglich führen können, indem wir sie nicht ausgrenzen, sondern sie stattdessen zu einem Teil der Gesellschaft machen. Denn ein würdiges Leben sollte nicht infrage stehen, sondern ein fester Wert sein, unabhängig von Alter oder Gesundheitszustand.

Ein Mensch, mit dem man in Kontakt treten kann (Gegenseitigkeit)

Wenn es um Demenz geht, denkt man nicht sogleich an Gegenseitigkeit, aber gerade dieser Wert macht echten Kontakt möglich.

Eine der wichtigsten Lektionen, die ich im vergangenen Jahr gelernt habe, besteht darin, dass man mit jeder Person in Kontakt treten kann, unabhängig davon, in welchem Stadium der Demenz sie sich befindet, solange man sich nur die Zeit nimmt, sie kennenzulernen. Ein Freund von mir, Jonas, hat einmal einen sehr treffenden Vergleich angestellt: »Man mag den schwarzen Gürtel in Karate haben, wenn man seinen Gegner nicht lesen kann, wird man immer verlieren.« Gehen Sie also offen auf Menschen mit Demenz zu, beurteilen Sie sie nicht nach ihrer ersten Reaktion, streiten Sie nicht mit ihnen, sondern hören Sie ihnen zu und begleiten Sie sie. Schauen Sie, worauf sie reagieren, was ihnen gefällt, und passen Sie sich ihnen immer wieder an. Es braucht eine Weile, aber es lohnt sich so sehr.

Jonas' Vater war ebenfalls an Alzheimer erkrankt und musste irgendwann in einem Heim aufgenommen werden. Jonas erzählte mir, dass sein Vater morgens, bevor er gewaschen werden sollte, immer sehr angespannt war, so sehr, dass er sich verkrampfte und offensichtlich unter Schmerzen litt, wenn er sich bewegte. Bis Jonas den Pflegern gegenüber erwähnte, dass sein Vater Musik liebte und früher beim Aufstehen immer Musik gehört hatte. Als dann beim nächsten Aufstehen Musik gespielt wurde, reagierte er sofort. Die Pflegekräfte blieben bei ihm, während er zuhörte, was bedeutete, dass er etwas länger brauchte als sonst, bis er »in Gang kam«, aber das anschließende Waschen ging viel schneller, weil er so entspannt war. Bei seinem nächsten Besuch brachte Jonas eine spezielle Playlist mit der Lieblingsmusik seines Vaters mit. Noch bevor das Pflegepersonal eintraf, wurde die Playlist angeschaltet, und das Ergebnis war ein völlig entspannter Vater, der sich problemlos waschen ließ. Ist das nicht großartig?

Es ist wirklich möglich, die Pflege zu verbessern, indem man sich die Zeit fürs Kennenlernen nimmt. Ich weiß zum Beispiel, dass man bei Ad nie heftig reagieren darf, weil ihn das völlig aus der Fassung bringen kann. Elly fühlt sich sofort wohl, wenn man sie umarmt. Tineke fühlt sich schnell ausgeschlossen, und man muss sie immer ansprechen, und mit Leny muss man Blickkontakt aufnehmen und einmal winken, bevor man etwas sagt. Kurz gesagt: Man muss erst mal schauen, wie der Hase läuft, und registrieren, worauf der andere reagiert. Denn echten Kontakt … stellt man gemeinsam her.

Ein Mensch

Denn nur wenn wir weiterhin den Menschen sehen, wird er nie verschwinden.

#HumanForever

AUS TIEFSTEM HERZEN

Mein Name ist Teun Toebes, und ich bin der Meinung,
dass Menschen mit Demenz zu wenig
Aufmerksamkeit geschenkt wird.
Das macht mich unglaublich traurig.

Aber …

Ich habe Hoffnung.
Und das ist Ihr Verdienst.
Dank Ihnen habe ich die Hoffnung, dass sich das Bild von
Menschen mit Demenz für immer verändern wird.
Dank Ihnen habe ich Hoffnung auf eine bessere Zukunft
für die Pflege von Menschen mit Demenz.
Dank Ihnen habe ich die Hoffnung, dass alle anfangen
werden, den Menschen und nicht die Krankheit zu sehen.

Warum?

Weil Sie dies lesen.
Weil Sie wissen, dass dieses Buch
auch von Ihnen handeln kann.
Und weil Sie jetzt wissen,
dass Sie die Zukunft verändern können.

Deshalb …
danke ich Ihnen.

DANK

Zuerst möchte ich den Menschen danken, die mich so viel gelehrt und meine Sicht auf Menschen mit Demenz für immer verändert haben: meinen Mitbewohnern. Lieber Ad, Piet und Lambert, liebe Leny, Muriel, Tineke, Elly, Eugenie, Clara, Janna, Nel, Teunie, Jeanne und Ida, ich verspreche euch feierlich, dass ich eure Geschichten, Erfahrungen, Lektionen und Erkenntnisse nicht vergessen werde. Und für den Fall, dass ich mein Wort nicht halten kann, weil ich eines Tages wieder – so wie jetzt – in einem Pflegeheim leben werde, dann seid gewiss, dass ich mit ganzer Kraft versucht habe, eure Geschichten und Lektionen mit der Welt zu teilen. Denn das habt ihr verdient. Ihr habt für mich das Pflegeheim zu einem Zuhause gemacht.

Außerdem möchte ich mich bei meinem Pflegeheim, dem Pflegezentrum Voorhoeve und AxionContinu, bedanken, und das von ganzem Herzen.

Ich finde es unglaublich mutig, dass Sie mir die Möglichkeit gegeben haben, die Welt eines Pflegeheims von innen zu erleben. Das zeugt nicht nur von Mut, sondern zeigt vor allem, dass Sie bereit sind, alles für eine bessere Zukunft der Pflege zu tun. Ich durfte nicht nur bei Ihnen wohnen, Sie haben mir auch noch zugesichert, dass ich mir meine eigene Meinung bilden und alles schreiben darf. Davor ziehe den Hut. Obwohl die meisten Beispiele aus unserem Haus stammen, geht es in diesem Buch letztlich um eine viel größere Welt. Ich hoffe, dass Ihre Bereitschaft, sich verletzlich zu machen, vielen ein Beispiel sein wird, denn nur so können wir zum Kern der Probleme vorstoßen und sie gemeinsam lösen.

Ich möchte auch Jonathan de Jong sehr herzlich danken, nicht nur für das Mitschreiben an diesem Buch, sondern auch für das große Abenteuer, auf das wir uns vor einem Jahr gemeinsam eingelassen haben. Es ist sehr schön zu sehen, dass unsere gemeinsame Leidenschaft, die Lebensqualität von Menschen mit Demenz zu verbessern, nicht nur zu diesem Buch, sondern auch zu einer wunderbaren Freundschaft geführt hat. Danke für diesen schönen Anfang, ich kann die Fortsetzung kaum erwarten.

Und ich möchte auch meine Mutter, meinen Halt und meine Stütze, nicht vergessen. Ich danke dir, dass du meine Inspiration bist und mich ermutigt hast, dieses Abenteuer zu unternehmen. Und das gilt natürlich auch für meine anderen lieben Familienmitglieder. Besonderen Dank an Hans Toebes, Susan Lamers, Giel Toebes, Joep Toebes und Lieve Toebes. Ich liebe euch.

Schließlich möchte ich mich bei den Menschen und Organisationen bedanken, die mich immerzu unterstützen und inspirieren; ohne eure Hilfe hätte ich das alles nicht schaffen können! Ich danke meinen lieben Kolleginnen und Kollegen aus der Pflege und allen anderen Menschen, die sich jeden Tag für andere einsetzen. Ich danke dem Verlag *De Arbeiderspers, Singel Uitgevers* und Esther Hendriks für die Verbreitung und Begleitung meiner Mission in diesem Buch. Vielen Dank, Inge Geerdink, Margje Mahler, Francien van de Ven, Anne Mei The, Henk Nies, Wouter van Soest, Michiel van Putten, Carlo Leget, Michel van Erp, Boris van der Ham, Bas Smit, Patrick Anthonissen, Michiel de Gooijer, Juliette de Jong, Nicolette van Dam, Carin Gaemers, Olav Schuth, Zvezdan Pirtosek, Kasper Bormans, Rina Knippenberg, Marcellino Bogers, Richard Groenendijk, Pieterbas Lalleman, Jan Goddaer, Geert Bettinger, Bastus de Jong, Anke Siegers, Frans und Paula Komen, Nathalie Petersen, Hans Ubachs, Ingrid Keestra, Temitope Farombi, Cecile aan de Stegge, André de Jager, Peter Whitehouse, Jaap Bressers, Fatos Ipek, Kiki Edwards, Brenda Frederiks, Han Sol, Jetske van der Schaar, Wendy Kakebeeke, Cato de Jong und dem Ministerium für Gesundheit, Gemeinwohl und Sport, Actiz, PGGM, Vilans, Alzheimer Nederland, Alzheimer Europe und schließlich den Medien, die mir schon lange folgen und meiner Mission immer zugetan waren.

Ich danke euch sehr!

FREUNDSCHAFTSBUCH

EINE ODE AN MEINE FREUNDE

In diesem Freundschaftsbuch lasse ich
meine Mitbewohner zu Wort kommen –
für einen kleinen Einblick in ihr Leben.
Aus Respekt vor ihren Erfahrungen sind alle Antworten
in ihren eigenen Formulierungen wiedergegeben.

Die Zeichnungen sind von Liesbeth Sterrenburg

Name: Tineke, Tineke Muschter
Geburtsjahr: 16. Mai 1938
Geboren in: Utrecht
Wohnort: Hier, in diesem Park

Was findest du an dir selbst am schönsten?
Dass ich immer noch den Kontakt zu anderen suche, denn ich will nicht in die Schublade für alte Leute gesteckt werden. Ich habe viel Geduld mit den Menschen, das war früher schon so.

Bist du stolz auf dich?
Das ist für mich eine schwierige Frage, natürlich gibt es immer Dinge, die schiefgehen, aber ich bin mehr oder weniger stolz auf mich. Ich habe viel für meine Mutter und für meine Brüder getan.

Was ist der schönste Moment in deinem Leben?
Schlicht und einfach da zu sein, in meinem Leben bedeutsam, nicht bedeutend, zu sein.

Was würdest du niemals vergessen?
Bei *einer* Sache bin ich mir sicher: Als mein Vater abgeholt wurde, war ich erst drei Jahre alt. Ich habe alles mitangesehen. Und meinen Papa habe ich danach nie wiedergesehen.

Wie erlebst du das Leben heute?
Manchmal ist es schon sehr schwierig, sehr nervig. Dann finde ich mich selbst sehr nervig.

Wie findest du es, hier zu leben?
Irgendwo dazuzugehören, ist für mich sehr wichtig, noch immer.

Glücklich sein oder recht haben – was ist dir wichtiger?
Glücklich zu sein, denn wann will man schon unbedingt recht bekommen? Ich verstehe nicht, was daran so toll sein soll. Manche Leute wollen unbedingt das letzte Wort haben; ich frage mich dann verwundert: Worum geht es hier eigentlich?

Wovon träumst du?
Das klingt für eine Frau meines Alters vielleicht seltsam, aber Ghanna, mein Hund, fehlt mir am meisten.

Hast du noch eine letzte Botschaft?
Ich möchte allen danken, die mir nach dem Verlust der Menschen in meinem Umfeld beigestanden haben.

Name: Leny, das ist mein Rufname. Helena Henriette ist mein vollständiger Name. Ich selbst heiße Kaligis, das ist der Nachname meines Vaters und meiner Mutter. Offiziell heiße ich jetzt Leny de Planque, weil de Planque mein Ehename ist.
Geburtsjahr: Oktober 1926, eine alte Socke
Geboren in: Buitenzorg auf Java, im Süden des damaligen Batavia, des heutigen Jakarta
Wohnort: Mein Zimmer

Was findest du an dir selbst am schönsten?
An mir selbst? Dass ich keine Gebrechen habe. Dass ich noch Arme, Beine und einen Kopf habe, den ich benutzen kann.

Bist du stolz auf dich?
Na ja, normal. Ich weiß schon, wer ich bin. Ich bin stolz auf meine Eltern, weil sie mich immer unterstützt und mir eine Ausbildung ermöglicht haben.

Was ist der schönste Moment in deinem Leben?
Da fragst du mich was. Vielleicht meine Heirat mit Con de Planque. Von diesem Moment an wusste ich, dass ich je-

manden hatte, dem ich treu sein würde, dann war ich nicht mehr so allein.

Was würdest du niemals vergessen?
Meine schöne Kindheit. Meine Eltern haben sich gut um mich gekümmert. Ich hatte ein geselliges Zuhause, denn ich bin das jüngste von fünf Kindern.

Wie erlebst du das Leben heute?
Gut. Ich fühle mich wohl, denn die Leute sind alle nett und freundlich zu mir. Das weiß ich zu schätzen.

Wie findest du es, hier zu leben?
Nun, alles läuft gut. Ich habe ein gutes Leben. Ich bin zufrieden.

Glücklich sein oder recht haben – was ist dir wichtiger?
Glücklich zu sein. Es ist wichtig, ein gutes Familienleben und Freunde zu haben.

Wovon träumst du?
Dass ich später einfach ein glückliches Leben haben werde, mit allen lieben Menschen um mich herum, mit meinen Töchtern.

Hast du noch eine letzte Botschaft?
Dass die Menschen in Frieden leben sollen. Das ist sehr wichtig.

Name: Muriel, das ist mein Rufname.
Mein zweiter Vorname ist Louise – ein französischer Name –,
und mein Nachname ist Mulier. Das steht auf der Tür.
Geburtsjahr: 1940
Geboren in: Curaçao
Wohnort: Zurzeit dieses Zimmer, denn ich habe
eigentlich keinen Wohnort mehr.

Was findest du an dir selbst am schönsten?
Meinen Charakter, denn ich suche nie Streit, niemals. Ich hasse Menschen, die eine hohe Meinung von sich selbst haben, die fangen dann an, sich aufzuspielen. Und das kann ich nicht leiden. Wenn ich irgendwo bin, wo es Streit gibt, verwandle ich mich in eine Maus, dann tauche ich ab. Ich möchte nicht Partei ergreifen.

Bist du stolz auf dich?
Oh ja! Natürlich bin ich stolz auf mich. Jeder ist stolz auf sich, nur will es keiner zugeben.

Was ist der schönste Moment in deinem Leben?
Dass mein Vater immer sagte: »Wo ist die Weiße?« Ich hatte eine ganz besondere Verbundenheit mit ihm, aber er lebt

nicht mehr. Ich war tatsächlich von allen aus der Familie das weißeste Kind, die anderen sind eher hellbraun. Mir gefällt, dass er sich das ausgedacht hat. Der Mann hatte Humor.

Was würdest du niemals vergessen?
Mein Portemonnaie.

Wie erlebst du das Leben heute?
Ich bin froh, dass ich noch Kinder um mich habe, denn ein Sohn ist auch schon gestorben. Es ist hart, Kinder zu verlieren.

Wie findest du es, hier zu leben?
Ich vermisse mein Zuhause. Wenn ich jetzt in diesem Moment einen großen Wunsch äußern dürfte, würde ich sofort sagen, »Ich will in meine Wohnung«, auch wenn ich weiß, dass das nicht möglich ist. Man muss hier versuchen, das Beste daraus zu machen, aber man darf auch nicht an allem herumnörgeln. Das möchte ich deutlich hinzufügen.

Glücklich sein oder recht haben – was ist dir wichtiger?
Beides, man braucht Glück, um im Leben voranzukommen. Und man muss auch recht bekommen, denn man schluckt doch nicht alles, was andere einem weismachen wollen.

Wovon träumst du?
Ich bin jetzt achtzig und würde gerne neunzig werden. Das wäre großartig!

Hast du noch eine letzte Botschaft?
Smile and be happy.

Name: Ad van Dokkum
Geburtsjahr: Ich würde mal vermuten: 1945
Geboren in: Breda
Wohnort: Hier, Abteilung Dingsbums

Was findest du an dir selbst am schönsten?
Dass ich immer noch mit jedem ein Schwätzchen halten kann.

Bist du stolz auf dich?
Ja, denn nach allem, was ich durchgemacht habe, bin ich doch gut davongekommen.

Was ist der schönste Moment in deinem Leben?
Das war natürlich der Moment, als ich Maaike geheiratet habe. Wir haben uns im Süßwarenladen kennengelernt. Sie arbeitete dort, und ich kaufte eine große Tüte mit Süßigkeiten.

Was würdest du niemals vergessen?
Das Unglück im Kraftwerk, bei dem ich drei Kollegen verloren habe.

Wie erlebst du das Leben heute?
Man muss damit klarkommen. Man muss doch in seinem Denken und Handeln positiv bleiben, vor allem heute.

Wie findest du es, hier zu leben?
Am Anfang habe ich den ganzen Tag vor mich hin gestarrt, aber jetzt habe ich wieder ein Ziel, ich habe etwas zu tun, ich mache Ministeck. Und ich habe ein schönes Zimmer bekommen.

Glücklich sein oder recht haben – was ist dir wichtiger?
Ich entscheide mich für das Glücklichsein, denn daraus kann man – vor allem in meinem Alter – noch was gewinnen.

Wovon träumst du?
Für jemand anderen auch mal ein Ministeckbild zu machen.

Hast du noch eine letzte Botschaft?
Ich hoffe, dass wir uns auch weiterhin gerade in die Augen sehen können.

Name: Jeanne, aber Adriana geht auch.
Geburtsjahr: Vor dem Krieg, aber genauer habe ich mich damit nie befasst.
Geboren in: Utrecht
Wohnort: Zu Hause

Was findest du an dir selbst am schönsten?
Ehrlichkeit, die steht bei mir ganz oben.

Bist du stolz auf dich?
Ich bin nur ein normales Mädchen, das älter wird.

Was ist der schönste Moment in deinem Leben?
Als ich meinen Vater wiedersah, nachdem er im Krieg abgeschossen worden war und ich ihn lange nicht gesehen hatte. Dann sah ich ihn endlich wieder, im Sarg. Ich war noch ein kleines Mädchen, als er plötzlich weg war.

Was würdest du niemals vergessen?
Dass mein Mann gestorben ist, denn wir hatten so eine gute Familie. Wir haben gemeinsam ein paar Kinder.

Wie erlebst du das Leben heute?
Ich lebe mein Leben mit dem, was ich selbst für meine Kinder tun kann und was ich früher für meine Mutter getan habe.

Wie findest du es, hier zu leben?
Solange ich für die Kinder genug zu essen habe, ist es gut.

Glücklich sein oder recht haben – was ist dir wichtiger?
Glück steht an erster Stelle.

Wovon träumst du?
Ich hoffe um meiner Kinder willen, dass ich noch lange am Leben bleiben kann, aber das hat man nicht in der Hand.

Hast du noch eine letzte Botschaft?
Ich möchte, dass meine Kinder gesund bleiben und glücklich sind.

Name: Ich bin Eugenie.
Geburtsjahr: 4. August …
Geboren in: Surabaya, in Indonesien
Wohnsitz: Hier

Was findest du an dir selbst am schönsten?
Ich habe keine Vorliebe.

Bist du stolz auf dich?
Ich bin nicht stolz auf mich, aber ich komme schon mit mir klar.

Was ist der schönste Moment in deinem Leben?
Ich hatte viele schöne Momente.

Was würdest du niemals vergessen?
Dass mein anderes Kind gestorben ist. Das hatte keinen Namen, denn es ist nach der Geburt gleich gestorben. Das hat mich mein ganzes Leben lang verfolgt.

Wie erlebst du das Leben heute?
Ich finde es nicht unerfreulich.

Wie findest du es, hier zu leben?
Es ist nett, hier zu wohnen.

Glücklich sein oder recht haben – was ist dir wichtiger?
Glück ist wichtiger, weil es nicht immer dasselbe ist.

Wovon träumst du?
Die Zeit ist für mich vorbei.

Hast du noch eine letzte Botschaft?
Glück zu haben ist für mich wichtiger als alles andere.

Name: Elly, Elly Janssen
Geburtsjahr: 22. Dezember 1930
Geboren in: Nijmegen in der Lange Heezelaan
Wohnort: Nijmegen

Was findest du an dir selbst am schönsten?
Ich finde nicht so leicht etwas an mir selbst schön, aber mir ist es immer wichtig, gut auszusehen. Ich bekomme auch viele Komplimente für mein Haar, ich kann mich also nicht beklagen.

Bist du stolz auf dich?
Tja, was soll ich dazu sagen. Ich bin nicht unzufrieden.

Was ist der schönste Moment in deinem Leben?
Die Zeit, in der ich Kinder und Enkelkinder bekommen habe.

Was würdest du niemals vergessen?
Das Leben in Nijmegen.

Wie erlebst du das Leben heute?
Es ist gemütlich, mit dir ein Gläschen Wein zu trinken, das ist immer lecker.

Wie findest du es, hier zu leben?
Es ist in Ordnung, solange meine Kinder nur weiterhin kommen. Sie kommen mich immer oft besuchen, und das gefällt mir sehr. Wenn ich nicht Mutter geworden wäre, wäre mein Leben längst nicht so schön gewesen.

Glücklich sein oder recht haben – was ist dir wichtiger?
Glücklich zu sein, denn was heißt schon, recht zu haben?

Wovon träumst du?
Dass meine Kinder glücklich sind.

Hast du noch eine letzte Botschaft?
Fahr nie mit platten Reifen!

ETHISCHE VERANTWORTUNG

Das Schreiben über das Leben innerhalb des geschützten Raumes eines Pflegeheims ist logischerweise mit einer großen Verantwortung verbunden.

Ich lege Wert auf die Autonomie von Menschen, die mit Demenz leben, daher habe ich zuallererst meine Mitbewohner selbst um ihr Einverständnis gebeten. Erst danach habe mich an ihren gesetzlichen Vertreter gewandt. Diese Vertreter waren oft die Kinder meiner Mitbewohner. Während und nach einem Treffen zum gegenseitigen Kennenlernen haben sie eine Einverständniserklärung unterzeichnet, in der sie mir erlaubten, dieses Buch zu schreiben.

Aus Respekt vor meinen Mitbewohnern habe ich ihr Erleben unverändert übernommen, auch dann, wenn es nicht den Tatsachen entsprechen kann. Ich habe die Privatsphäre aller Personen respektiert, auch die meiner Kolleginnen und Kollegen aus der Pflege. Und wenn jemand erklärte, nicht als Person erkennbar sein zu wollen, habe ich ihn oder sie anonymisiert und die persönlichen Merkmale so verändert, dass sich nicht daraus ableiten lässt, um wen es sich handelt.

Schon beim allerersten Gespräch mit der Pflegeeinrichtung habe ich deutlich gemacht, dass mir Freiheit sehr wichtig ist.

Als klar war, dass ich das Buch schreiben würde, fand ein offener Austausch mit dem Manager der Abteilung, der Kommunikationsabteilung und dem Vorstand statt. Einige Monate vor der Veröffentlichung wurden die Mitarbeiter umfassend informiert. Und wir haben in einer Teamsitzung über die Gefühle und Erfahrungen gesprochen, die meine Anwesenheit mit sich gebracht hat.

Mein Buch ist keine Anklage gegen die Pflege, sondern nur gegen die Art und Weise, mit der wir Menschen mit Demenz betrachten und behandeln.

Die Geschehnisse und deren Schilderungen sind niemals als persönliche Vorwürfe zu verstehen.

Ich möchte deutlich hervorheben, dass auch ich mich in der Vergangenheit, in meiner Rolle als Pfleger, in einer Weise verhalten habe, die ich heute kritisch sehe. Ich bedauere dieses Handeln nicht nur, ich werde zukünftig auch darauf achten, mich nicht mehr auf diese Weise zu verhalten.

Was in diesem Buch geschildert wird, hat sich tatsächlich so ereignet, aber Zeit, Ort und Reihenfolge der Ereignisse wurden gelegentlich verändert, um sie besser darlegen zu können.

Ich habe alles, was in meiner Macht stand, getan, um Fakten und Quellen möglichst vollständig anzugeben. Sollten mir dennoch Fehler unterlaufen sein, bitte ich im Vorhinein um Entschuldigung.

QUELLEN

1 https://www.deutsche-alzheimer.de/demenz-wissen/antworten-auf-haeufige-fragen

2 https://www.bmbf.de/bmbf/shareddocs/kurzmeldungen/de/eine-alzheimer-erkrankung-laesst-sich-positiv-beeinflussen.html

3 https://www.bmbf.de/bmbf/shareddocs/kurzmeldungen/de/eine-alzheimer-erkrankung-laesst-sich-positiv-beeinflussen.html

4 https://www.destatis.de/DE/Themen/GesellschaftUmwelt/Gesundheit/Pflege/Tabellen/pflegebeduerftige-pflegestufe.html

5 https://www.pflegehilfe.org/pflegeheime

6 https://www.destatis.de/DE/Themen/Gesellschaft-Umwelt/Gesundheit/Pflege/_inhalt.html#_swmdli0z0

7 https://www.destatis.de/DE/Themen/Gesellschaft-Umwelt/Gesundheit/Pflege/_inhalt.html#_swmdli0z0

8 Commissie van Toezicht (2021). »Het recht op luchten« [Überwachungsausschuss: Das Recht, sich auszulüften], www.commissievantoezicht.nl

9 *Trouw* (2021). »Ziekteverzuim eind 2020 hoogste in achttien jaar« [Krankenstand Ende 2020 so hoch wie seit achtzehn Jahren nicht mehr], www.trouw.nl

10 *Nieuwsuur* (2018). Interview met prof. mr. dr. Anne Mei The, hoogleraar Langdurige Zorg en Sociale Benadering Dementie aan de Vrije Universiteit Amsterdam, en prof. dr. Marcel Olde Rikkert, Hoofd Geriatrie Radboudumc [Interview mit Prof. Dr. Anne Mei The, Professorin für Langzeitpflege und sozialen Umgang mit Demenz an der Freien Universität Amsterdam, und Prof. Dr. Marcel Olde Rikkert, Leiter der Geriatrie am Universitätsklinikum in Nijmegen]

11 Alzheimer Nederland (2021). »Levensverwachting dementie« [Lebenserwartung bei Demenz], www.alzheimer-nederland.nl

DAS LETZTE KAPITEL

Wenn ich später selbst an Demenz erkranken sollte, hoffe ich, dass …

Torben Kroker • Karl-Heinz Schulz

5000 KM FREUNDSCHAFT

Der Roadtrip unseres Lebens

»Wer im Leben Träume hat, der sollte sich diese erfüllen. Wer mit 94 Jahren noch einen letzten Traum hat, dem sollten keine Steine in den Weg gelegt werden. Und so haben wir uns in das Abenteuer gestürzt.« Torben Kroker

Eine Freundschaft wie diese kommt selten vor: Carlos (Karl-Heinz Schulz, 94) hat in seinem hohen Alter noch einen dringenden Wunsch – er will noch ein Mal das Meer sehen. Torben Kroker, sein 22-jähriger Nachbar und Freund, will ihm diesen Wunsch erfüllen. Zusammen steigen sie in Torbens alten Mercedes und fahren los – quer durch Frankreich, Spanien, Italien. Sie besuchen die Orte aus Carlos' Jugend, in denen er die Nachkriegszeit verbracht hat, und finden sich auf einer Reise wieder, die Carlos' Erinnerungen zum Leben erweckt und Torben die Geschichte und seinen Nachbarn in völlig neuem Licht sehen lassen.
Die Europareise der beiden ist der Ausdruck einer Freundschaft über alle Grenzen hinweg. Denn dank des Altersunterschieds der ungleichen Freunde ergänzen sie sich als perfektes Reiseteam und ihre Reiseerzählung zeigt: Alt und Jung können viel voneinander lernen.

Die wahre Geschichte einer berührenden Freundschaft.

KNAUR

Natalie Dedreux

MEIN LEBEN IST DOCH COOL!

Unsere Welt und was ich dazu zu sagen habe

»Das Down Syndrom ist cool!«: #Inkluencerin Natalie Dedreux offenbart uns eine neue, verblüffende Sicht auf unsere Welt. *Die Menschen sollen mein Buch deswegen lesen, weil ich es wichtig finde, was ich hier zu sagen habe. Dann sieht man, dass ein Leben mit Down Syndrom auch cool ist. Und wenn die sich das Buch durchlesen, dann habe ich auch mehr Fans, und das finde ich gut.*

Natalie Dedreux ist Bloggerin und Aktivistin. Bekannt wurde sie durch ihren Auftritt in der Wahlarena, als sie Angela Merkel zur Spätabtreibung behinderter Kinder befragte. In diesem Buch hat sie ihre Gedanken und Ansichten und ihre politischen Vorstellungen aufgeschrieben – zu Themen wie Afghanistan, Judentum oder veganer Ernährung. Klar und auf den Punkt beschreibt sie die drängenden Fragen unserer Zeit und macht Mut, sie aus einer neuen, einer anderen Perspektive zu betrachten.

Ein Buch gegen Vorurteile und ein engagierter Appell für die Teilhabe aller Menschen an unserer Welt – ohne Berührungsängste.

KNAUR